AF223177

Sophie A. Carter

Endlich Ruhe im Kopf

Befreie dich von belastenden Gedanken und finde deine eigene innere Balance

Positive Mindset

ISBN: 978-3-8192-0897-3
Gestaltung & Satz: Sophie A. Carter
Verlag: BoD · Books on Demand GmbH, Überseering 33, 22297 Hamburg, bod@bod.de
Druck: Libri Plureos GmbH, Friedensallee 273, 22763 Hamburg
Dieses Buch wurde mit größter Sorgfalt erstellt. Dennoch übernehmen Autor und Verlag keine Haftung für etwaige Fehler oder mögliche Folgen aus der Anwendung der im Buch vorgestellten Inhalte.

Inhalt

Einleitung

Kennst du das Gefühl, nachts wach zu liegen und dir immer wieder dieselben Fragen zu stellen? Drehst du Gespräche im Kopf endlos hin und her, überlegst dir, was du hättest besser oder anders machen können, und findest dabei doch keine klare Antwort? Dann bist du nicht allein. Millionen Menschen stecken täglich fest in ihrem persönlichen Gedankenkarussell. Dieses Phänomen nennt sich Overthinking – und es kann das Leben enorm belasten.

Aber dein Kopf ist nicht dein Feind. Ganz im Gegenteil: Deine Fähigkeit, tief zu denken, zu hinterfragen und Zusammenhänge zu erkennen, ist etwas Wertvolles. Das Problem entsteht erst, wenn aus dem produktiven Nachdenken endloses Grübeln wird, wenn du dich ständig sorgst und deine Gedanken dich lähmen, anstatt dir Kraft zu geben.

Dieses Buch ist dein Begleiter auf dem Weg aus dem Gedankenkarussell hinaus in die ersehnte innere Ruhe. Gemeinsam gehen wir Schritt für Schritt vor, um nicht nur deine Denkmuster besser zu verstehen, sondern sie aktiv und nachhaltig zu verändern.

Du hältst kein Buch voller leerer Phrasen oder oberflächlicher Motivationssprüche in den Händen. Stattdessen findest du hier:

- Wissenschaftlich fundierte Erklärungen, die dir helfen, deine Gedankenwelt besser zu verstehen.

- Konkrete, praxisnahe Übungen und Reflexionsfragen, mit denen du sofort ins Handeln kommst.

- Authentische Impulse und tiefgehende Texte, die nicht von einem Algorithmus stammen, sondern mit echtem Verständnis für deine Situation geschrieben wurden.

Ich lade dich ein, dein Overthinking aus einer neuen Perspektive zu betrachten. Nicht als Schwäche, die dich bremst, sondern als besondere Eigenschaft, die richtig eingesetzt zu einer wahren Stärke werden kann.

Du wirst lernen, mit dir selbst geduldiger umzugehen, dich weniger zu verurteilen und stattdessen Klarheit und Ruhe zu gewinnen.

Nutze dieses Buch nicht nur zum Lesen, sondern als Werkzeug.

Schreib hinein, arbeite damit, reflektiere deine Fortschritte und finde deinen individuellen Weg zu einem leichteren, erfüllteren Leben.

Bist du bereit, dein Gedankenkarussell endlich zu stoppen und inneren Frieden zu finden? Dann lass uns gemeinsam starten.

Kapitel 1: Overthinking verstehen lernen

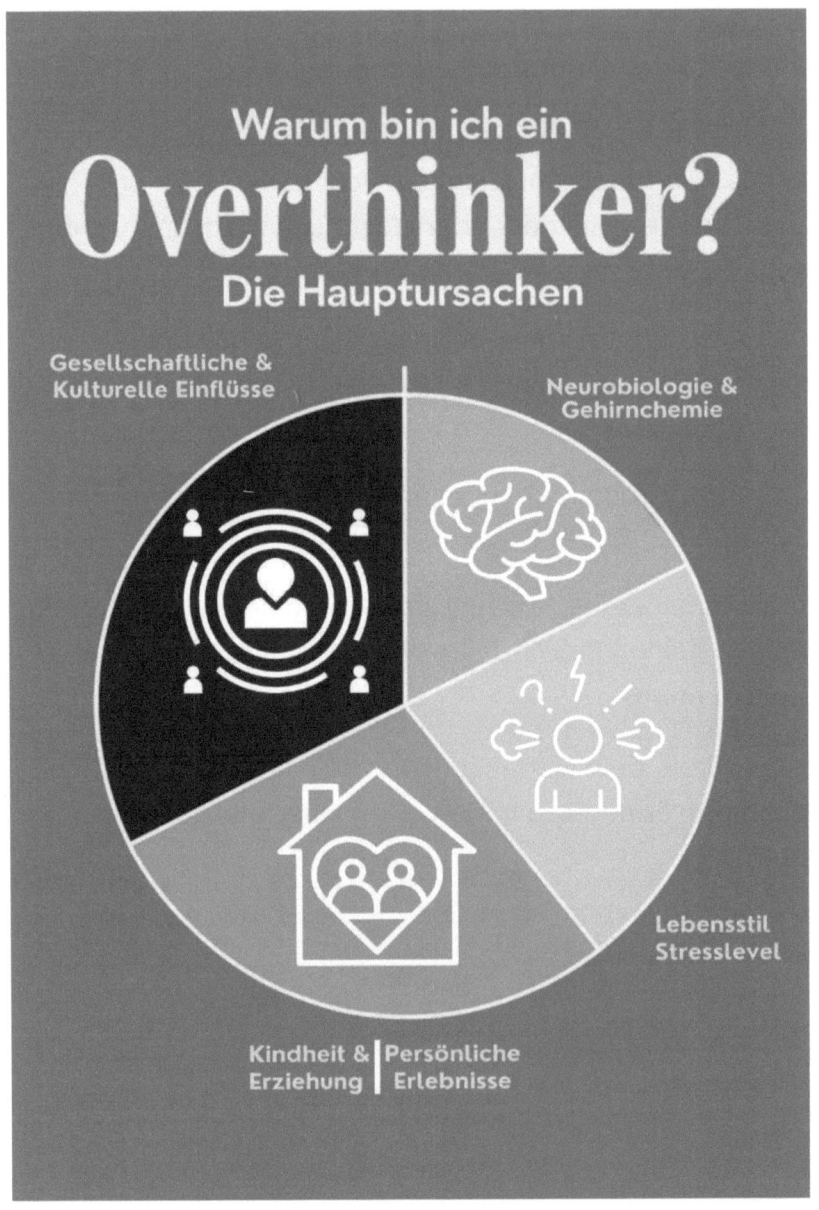

1.1 Warum denken manche Menschen zu viel – und andere nicht?

Es gibt Menschen, die schlafen innerhalb weniger Minuten ein, ohne sich Gedanken über den vergangenen Tag zu machen. Andere hingegen wälzen sich stundenlang im Bett, weil ihr Gehirn einfach **nicht abschalten kann**.

📌 **Warum gibt es diese Unterschiede? Warum sind manche Menschen Overthinker – und andere nicht?**

Dieses Kapitel geht der Frage auf den Grund, warum Overthinking kein zufälliges Phänomen ist, sondern das Ergebnis einer **Kombination aus Biologie, Erziehung, Persönlichkeit und gesellschaftlichen Faktoren.**

---

1. Was ist Overthinking aus psychologischer Sicht?

Overthinking ist kein medizinischer Begriff, sondern eine **umgangssprachliche Bezeichnung für übermäßiges Grübeln, exzessive Selbstanalyse und die Unfähigkeit, Gedanken loszulassen.**

📌 **Die Psychologie unterscheidet zwei Hauptarten des Overthinkings:**

1. **Ruminieren** (*Rumination*) – das zwanghafte Kreisen um vergangene Ereignisse und Selbstzweifel.

2. **Sorgen** (*Worrying*) – das gedankliche Durchspielen von möglichen Zukunftsszenarien, meist verbunden mit Ängsten.

Beides kann extrem belastend sein, weil Overthinker oft das Gefühl haben, **ihre Gedanken nicht mehr steuern zu können.**

Studien zeigen, dass Overthinking mit einer erhöhten Aktivität in bestimmten Gehirnregionen zusammenhängt, insbesondere:

📌 **Im präfrontalen Kortex** (zuständig für Problemlösung und Planung)

📌 **In der Amygdala** (dem Zentrum für Angst und emotionale Reaktionen)

Das bedeutet: **Overthinking ist nicht nur eine Gewohnheit, sondern ein tiefer neurologischer Prozess.**

---

2. Die Rolle der Gehirnchemie: Wie Neurotransmitter unser Denken beeinflussen

Neurotransmitter sind die Botenstoffe unseres Gehirns – sie beeinflussen unsere Gedanken, Emotionen und unser Verhalten. Besonders drei Stoffe sind entscheidend, wenn es um Overthinking geht:

📌 **Serotonin** – Der „Glückshormon"-Mangel kann dazu führen, dass negative Gedanken übermäßig verarbeitet werden. Menschen mit niedrigem Serotoninspiegel neigen stärker zum Grübeln.

📌 **Dopamin** – Verantwortlich für Motivation und Belohnung. Ein⍰ngleichgewicht kann dazu führen, dass sich das Gehirn im „Analysieren" verliert, anstatt ins Handeln zu kommen.

📌 **Cortisol** – Das Stresshormon. Wenn Cortisol dauerhaft erhöht ist (z. B. durch chronischen Stress), verstärkt sich Overthinking.

💡 **Das bedeutet: Overthinking ist oft nicht nur eine Frage der Einstellung – es hat auch biologische Ursachen.**

---

3. Der Einfluss von Kindheit und Erziehung auf Overthinking

⍰nsere Kindheit spielt eine große Rolle dabei, ob wir als Erwachsene zu Overthinkern werden oder nicht.

📌 **Folgende Erziehungsmuster erhöhen das Risiko für Overthinking:**

✓ **Sehr strenge oder kontrollierende Eltern** – Kinder, die ständig „perfekt" sein mussten, entwickeln oft ein starkes Grübelverhalten.

✓ **Überbehütete Kindheit** – Wer als Kind nie eigene Entscheidungen treffen durfte, hat als Erwachsener oft Angst vor Fehlentscheidungen.

✓ **Emotionale Unsicherheit** – Kinder, die oft Kritik erfahren oder wenig Bestätigung bekommen haben, neigen als Erwachsene dazu, ihre eigenen Gedanken ständig zu hinterfragen.

Studien zeigen, dass Menschen mit einer ängstlichen Kindheit häufiger Overthinking entwickeln, weil ihr Gehirn gelernt hat, ständig nach Gefahren zu suchen.

💡 **Das bedeutet:** Overthinking ist nicht nur eine „persönliche Schwäche", sondern oft eine erlernte Überlebensstrategie.

---

4. Overthinking und Persönlichkeitsmerkmale: Wer ist besonders anfällig?

Nicht jeder Mensch ist gleichermaßen von Overthinking betroffen. **Bestimmte Persönlichkeitsmerkmale machen Menschen anfälliger dafür:**

📌 **Hohe Empathie** – Wer stark mitfühlt, analysiert oft jede zwischenmenschliche Situation im Detail.

📌 **Perfektionismus** – Overthinking geht oft mit dem Drang einher, alles „richtig" machen zu wollen.

📌 **Introversion** – Menschen, die mehr in sich gekehrt sind, verbringen viel Zeit in ihrer Gedankenwelt.

📌 **Hohe Sensibilität** – Hochsensible Menschen nehmen mehr Reize auf, was zu vermehrtem Grübeln führt.

💡 **Das bedeutet:** Overthinking tritt nicht zufällig auf – es hängt stark mit unserer Persönlichkeit zusammen.

---

5. Warum Frauen häufiger betroffen sind als Männer

📌 **Studien zeigen, dass Frauen häufiger unter Overthinking leiden als Männer. Warum?**

✓ **Hormonelle Faktoren:** Östrogen kann die emotionale Verarbeitung im Gehirn verstärken, was Overthinking begünstigt.

✓ **Gesellschaftliche Erwartungen:** Frauen werden oft stärker sozial bewertet – das kann zu übermäßigem Selbstzweifel führen.

12

✓ **Erziehung:** Mädchen werden oft dazu erzogen, Konflikte diplomatisch zu lösen – das verstärkt die Selbstanalyse.

📌 **Männer neigen eher zu „Handlungsdenken" als zu Overthinking.**

Während Frauen eher analysieren und überdenken, suchen Männer häufiger nach einer schnellen Lösung. Das ist kein Klischee – es gibt zahlreiche psychologische Studien, die diese ⍰nterschiede belegen.

💡 **Das bedeutet:** Overthinking ist nicht einfach eine „schlechte Angewohnheit" – es ist tief in unserer Biologie und Kultur verwurzelt.

Fazit: Overthinking ist kein Zufall – es ist das Ergebnis vieler Faktoren

✓ **Es hat neurologische Ursachen – bestimmte Gehirnregionen sind überaktiv.**

✓ **Neurotransmitter beeinflussen, wie intensiv wir grübeln.**

✓ **Unsere Kindheit und Erziehung prägen unser Denken stark.**

✓ **Bestimmte Persönlichkeitsmerkmale machen Overthinking wahrscheinlicher.**

✓ **Frauen sind häufiger betroffen – aus biologischen und gesellschaftlichen Gründen.**

1.2 Was ist Overthinking?

Overthinking beschreibt eine Form des übermäßigen Nachdenkens, bei der sich Gedanken immer wieder um dasselbe Thema drehen, ohne zu einer Lösung zu kommen. Betroffene durchdenken vergangene Ereignisse, analysieren mögliche zukünftige Szenarien und haben Schwierigkeiten, ihre Gedanken zu stoppen.

Ursachen und Mechanismen verstehen

Es gibt mehrere Gründe, warum Overthinking entsteht:

Grund	Beschreibung
Perfektionismus	Der Wunsch, alles richtig zu machen, kann dazu führen, dass du unzählige Möglichkeiten analysierst und dich nicht für eine Lösung entscheiden kannst.
Selbstzweifel	Wer wenig Vertrauen in sich selbst hat, neigt dazu, Entscheidungen ständig zu hinterfragen.
Angst vor Ablehnung	Die Sorge darüber, was andere denken könnten, führt dazu, dass Gespräche und Situationen im Kopf endlos wiederholt werden.
Überverantwortung	Manche Menschen übernehmen zu viel Verantwortung für andere und denken daher viel zu lange über deren Bedürfnisse und Erwartungen nach.

Overthinking funktioniert oft wie ein **Teufelskreis**: Je mehr du grübelst, desto schwieriger wird es, den Gedankenstrom zu stoppen. Dadurch entstehen ⍰nsicherheit, Zweifel und Stress – was wiederum das Overthinking verstärkt.

1.3 Warum Overthinking dich nachts nicht schlafen lässt

Gedankenspiralen analysieren

Es ist mitten in der Nacht. Dein Körper ist erschöpft, aber dein Kopf arbeitet auf Hochtouren. Anstatt zu schlafen, gehst du im Geiste jedes Gespräch des Tages noch einmal durch, überlegst, ob du dich irgendwo falsch verhalten hast, oder malst dir alle möglichen Zukunftsszenarien aus. Vielleicht versuchst du, endlich abzuschalten, doch je mehr du es versuchst, desto wacher fühlst du dich.

Dieses Phänomen ist für Overthinker besonders typisch: Nachts, wenn keine Ablenkungen mehr da sind, wird der Kopf besonders aktiv. Doch warum ist das so?

Warum Gedankenkarusselle nachts besonders stark sind

Es gibt mehrere Gründe, warum Overthinking gerade in der Nacht besonders intensiv wird:

- **Fehlende Ablenkung:** Tagsüber ist unser Gehirn mit vielen Reizen beschäftigt – Arbeit, Gespräche, soziale Medien, Aufgaben. Nachts hingegen sind wir mit unseren Gedanken allein.

- **Die Natur unseres Gehirns:** ⬚nser Gehirn hat die Aufgabe, Probleme zu lösen. Wenn wir tagsüber keine Zeit für tiefes Nachdenken hatten, holt unser Kopf das oft nachts nach.

- **Emotionale Unverarbeitetheit:** ⬚nerledigte Konflikte oder ungelöste Probleme belasten uns oft unbewusst, und wenn es still wird, kommen sie an die Oberfläche.

- **Körperliche Stressreaktionen:** Grübeln kann Stresshormone wie **Cortisol** aktivieren, was dazu führt, dass wir uns noch wacher fühlen – ein Teufelskreis beginnt.

Merke: Dein Gehirn ist nicht dein Feind. Es versucht, dir zu helfen. Aber es braucht von dir eine klare Richtung, wann es denken soll – und wann nicht.

Wie du dein Gedankenkarussell nachts stoppen kannst

Das Ziel ist nicht, deine Gedanken zu unterdrücken – das würde nur dazu führen, dass sie noch lauter werden. Stattdessen geht es darum, sie **sanft umzulenken**. Hier sind einige Techniken, die dir dabei helfen:

1. Schreibe deine Gedanken auf – bevor du schlafen gehst

Oft liegt der Grund für nächtliches Grübeln darin, dass unser Gehirn Angst hat, etwas Wichtiges zu vergessen. Ein **Gedankennotizbuch** kann hier helfen.

So funktioniert es:

- Setze dich **30 Minuten vor dem Schlafengehen** mit einem Notizbuch hin.

- Schreibe alle Gedanken auf, die dir durch den Kopf gehen – ohne sie zu bewerten.

- Sage dir danach bewusst: *Ich habe diese Gedanken sicher notiert. Ich muss sie jetzt nicht mehr festhalten.*

Diese einfache Technik signalisiert deinem Gehirn: *Es ist in Ordnung, loszulassen.*

---

2. Eine beruhigende Abendroutine etablieren

Dein Körper und Geist brauchen ein klares Signal, wann es Zeit ist, sich zu entspannen. Eine feste Abendroutine kann helfen, Overthinking zu reduzieren.

Beispiele für eine entspannende Abendroutine:

- **Licht reduzieren:** Vermeide helles, blaues Licht mindestens eine Stunde vor dem Schlafengehen.

- **Körperliche Entspannung:** Sanfte Dehnübungen oder eine warme Dusche helfen, das Nervensystem herunterzufahren.

- **Rituale schaffen:** Eine feste Reihenfolge von kleinen Gewohnheiten (z. B. Tee trinken, lesen, Atemübungen) kann deinem Gehirn helfen, in den Entspannungsmodus zu wechseln.

Merke: Dein Gehirn liebt Routinen. Wenn du ihm beibringst, dass eine bestimmte Abfolge von Tätigkeiten Schlaf bedeutet, wird es sich schneller darauf einstellen.

3. Nutze gezielte Atemtechniken gegen Grübeln

Wenn Gedanken dich wachhalten, kannst du eine **Atemtechnik nutzen, um dein Nervensystem zu beruhigen.**

Die 4-7-8-Methode:

1. Atme **4 Sekunden lang** langsam durch die Nase ein.

2. Halte den Atem **7 Sekunden lang** an.

3. Atme **8 Sekunden lang** durch den Mund aus.

4. Wiederhole dies mindestens 5-mal.

Warum funktioniert das? Diese Atemtechnik aktiviert das **parasympathische Nervensystem,** das für Entspannung und Erholung zuständig ist. Sie hilft, deinen Puls zu senken und dein Gehirn aus dem Alarmmodus herauszuholen.

---

4. Ein Perspektivwechsel: Gedanken neu bewerten

Ein häufiges Problem bei Overthinking ist, dass wir uns nachts **in Dramen verstricken**, die im Tageslicht oft gar nicht so schlimm sind.

Frage dich:

- *Wird diese Situation in einem Monat noch wichtig für mich sein?*

- *Ist meine Sorge gerade realistisch oder spielt mein Kopf mir eine Angst vor, die nie eintreten wird?*

- *Was würde ich meinem besten Freund sagen, wenn er genau diese Gedanken hätte?*

Diese Fragen helfen dir, dein Overthinking bewusst zu hinterfragen und dich nicht in unnötigen Sorgen zu verlieren.

---

5. Progressive Muskelentspannung (PMR)

Falls dein Körper nachts angespannt ist, hilft eine Technik namens **Progressive Muskelentspannung nach Jacobson (PMR).**

So geht's:
- Spanne für 5 Sekunden eine Muskelgruppe (z. B. die Hände) an und lasse sie dann bewusst los.
- Gehe den ganzen Körper durch – von den Füßen bis zum Kopf.
- Spüre, wie sich mit jeder Entspannung die innere ⬚n-ruhe legt.

Diese Methode wird oft in der klinischen Psychologie zur Behandlung von **Schlafproblemen und Angststörungen** eingesetzt. Sie hilft, Overthinking zu stoppen, indem sie den Körper aktiv entspannt.

Fazit: Dein Weg zu ruhigen Nächten

Overthinking hält dich nachts wach, weil dein Gehirn Probleme lösen will. Aber du kannst lernen, es sanft zur Ruhe zu bringen – mit klaren Routinen, Entspannungstechniken und einem bewussten ⬚mgang mit deinen Gedanken.

1.4 Der versteckte Wert hinter deinem Overthinking

Viele Menschen empfinden Overthinking als Last – als etwas, das sie loswerden oder bekämpfen müssen. Doch was wäre, wenn dein Overthinking nicht nur eine Schwäche, sondern auch eine Stärke wäre? Wenn es nicht dein größter Feind, sondern eine wertvolle Fähigkeit ist, die nur richtig genutzt werden muss?

In diesem Kapitel wirst du entdecken, welche positiven Seiten hinter deinem intensiven Denken stecken und wie du diese bewusst für dich nutzen kannst, anstatt dich von ihnen überwältigen zu lassen.

Wie du deine intensive Gedankenwelt positiv nutzen kannst

Overthinking kann sich in vielerlei Hinsicht negativ auswirken – aber es ist auch eine Fähigkeit, die dich in vielen Bereichen des Lebens weiterbringen kann. Menschen, die viel nachdenken, besitzen oft besondere Stärken:

☑ **Sie sind analytisch und detailorientiert**
Overthinker nehmen oft kleinste Nuancen in Situationen wahr, die anderen entgehen. Das macht sie besonders aufmerksam und befähigt sie dazu, tiefere Zusammenhänge zu erkennen.

☑ **Sie haben eine hohe emotionale Intelligenz**

Durch intensives Nachdenken über Gespräche und soziale Dynamiken entwickeln Overthinker oft ein starkes Gespür für andere Menschen. Sie können sich gut in andere hineinversetzen und zwischen den Zeilen lesen.

☑ **Sie sind kreative Problemlöser**

Wer viele Szenarien im Kopf durchgeht, kann oft innovative Lösungen für Probleme finden. Overthinker sind Meister darin, Alternativen abzuwägen und neue Perspektiven zu entdecken.

☑ **Sie reflektieren und lernen schneller aus Erfahrungen**

Während andere vielleicht unbewusst immer wieder in dieselben Muster geraten, analysieren Overthinker ihre Erfahrungen genau und lernen daraus. Das kann eine große Stärke sein – wenn es nicht in Selbstzweifel umschlägt.

☑ **Sie sind besonders gewissenhaft und vorausschauend**

Viele Overthinker haben ein starkes Verantwortungsgefühl und denken weit über den Moment hinaus. Sie überlegen sich, wie sich ihre Entscheidungen langfristig auswirken könnten, was ihnen in vielen Lebensbereichen zugutekommt.

Wie du dein Overthinking bewusst steuerst und in Stärke verwandelst

Die Herausforderung besteht darin, dein Overthinking so zu lenken, dass es dir hilft, anstatt dich zu blockieren. Hier sind einige Wege, wie du das schaffen kannst:

1. Setze deine Gedanken gezielt für Problemlösungen ein

Anstatt dich in endlosen Gedankenschleifen zu verlieren, stelle dir gezielte Fragen:

- *Was genau versuche ich gerade herauszufinden?*
- *Welche drei möglichen Lösungen gibt es?*
- *Welcher erste kleine Schritt kann mich jetzt voranbringen?*

Diese Technik hilft dir, den Fokus zu behalten und dein Overthinking produktiv zu nutzen.

---

2. Nutze dein Overthinking für kreative Prozesse

Viele Künstler, Autoren und Erfinder sind Overthinker – ihr intensives Nachdenken hat sie zu großartigen Ideen gebracht. Falls du einen kreativen Beruf oder ein Hobby hast, kannst du dein Overthinking gezielt dort einsetzen.

💡 **Übung:**
Schreibe jeden Tag für 10 Minuten alle Ideen auf, die dir durch den Kopf gehen – ohne sie zu bewerten. Dein Overthinking wird plötzlich zu einer Inspirationsquelle.

---

3. Stärke dein Selbstvertrauen durch bewusstes positives Denken

Overthinker neigen oft dazu, sich auf mögliche Probleme oder Fehler zu konzentrieren. ⬚m dein Denken bewusster zu lenken, stelle dir folgende Fragen:

- *Was habe ich heute gut gemacht?*
- *Welche Herausforderungen habe ich in meinem Leben bereits gemeistert?*
- *Welche Stärken zeichnen mich aus?*

Je häufiger du deinen Fokus auf das Positive richtest, desto mehr wirst du dein Overthinking in eine produktive Richtung lenken.

4. Lerne, wann es Zeit ist, loszulassen

So wertvoll tiefes Nachdenken sein kann – es gibt Momente, in denen es dich blockiert. Die Kunst liegt darin, zu wissen, **wann es genug ist**.

Übung:

Setze dir bewusst ein Zeitlimit für dein Nachdenken. Erlaube dir z. B. **10 Minuten Overthinking**, dann entscheide dich bewusst, mit dem Denken aufzuhören. Schreibe auf, was du in dieser Zeit überlegt hast – und dann geh weiter.

Fazit: Dein Overthinking als wertvolle Fähigkeit

Overthinking ist nicht per se schlecht – es kommt darauf an, wie du es nutzt. Wenn du lernst, deine Gedanken bewusst zu lenken, kannst du von deinen analytischen, kreativen und empathischen Fähigkeiten profitieren, anstatt dich von ihnen lähmen zu lassen.

Die versteckten Stärken eines Overthinkers.

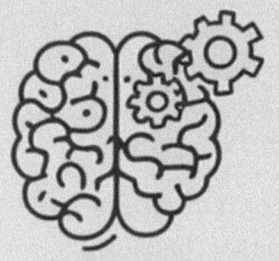

Hohe
Problemlösungs-
kompetenz

Große Empathie &
Sensibilität

wächst an
Herausforderungen

Kreatives
Denken

Hohe
Detailgenauigkeit

Starke
Selbstreflexion

Overthinking kann eine Herausforderung sein –
aber es kann auch eine wertvolle Stärke sein,
wenn es bewusst genutzt wird

Kapitel 2: Raus aus dem Gedankenkarussell – Erste Schritte

2.1 Die Kraft der Akzeptanz – Gedanken annehmen lernen

Wenn du in einer Gedankenschleife feststeckst, ist deine erste Reaktion vielleicht der Versuch, deine Gedanken zu stoppen oder sie zu unterdrücken. Doch das führt oft zum Gegenteil: Je mehr du dich gegen deine Gedanken wehrst, desto hartnäckiger klammern sie sich fest.

> Die Lösung? **Akzeptanz.**

Warum Akzeptanz der Schlüssel zur Veränderung ist

Vielleicht klingt es paradox, aber der erste Schritt, um dein Overthinking zu überwinden, ist nicht, es zu bekämpfen – sondern es anzunehmen. Akzeptanz bedeutet nicht, dass du deine Grübeleien gutheißen musst. Aber du kannst aufhören, gegen sie zu kämpfen und dadurch ihre Macht über dich verringern.

Warum das funktioniert:

- Gedanken sind nur Gedanken – nicht die Realität.

- Je weniger du dich gegen sie wehrst, desto schneller verlieren sie an Intensität.

- Akzeptanz hilft dir, bewusst mit deinen Gedanken umzugehen, anstatt von ihnen überwältigt zu werden.

Wie du Gedanken annehmen lernst: Praktische Techniken

1. Beobachte deine Gedanken – ohne sie zu bewerten

Anstatt in den Strudel deiner Gedanken einzusteigen, übe dich darin, sie **wie ein neutraler Beobachter** wahrzunehmen.

💡 **Übung:**

- Setze dich für 5 Minuten in Ruhe hin.

- Schließe die Augen und stelle dir vor, deine Gedanken sind Wolken am Himmel.

- Beobachte, wie sie kommen und gehen – ohne sie zu analysieren oder festzuhalten.

> Diese Technik stammt aus der **Achtsamkeitspsychologie** und hilft dir, Distanz zu deinen Gedanken aufzubauen, anstatt dich von ihnen mitreißen zu lassen.

---

2. Nenne deine Gedanken beim Namen

Statt dich in deinen Gedanken zu verlieren, kannst du sie bewusst identifizieren und einordnen. Das nimmt ihnen die Macht.

◆ Beispiel: Anstatt zu denken *„Ich bin ein Versager, weil ich das Meeting heute vermasselt habe"*, kannst du sagen:
➡ *„Ich habe gerade einen selbstkritischen Gedanken."*

◆ Oder statt *„Ich werde nie aus diesem Overthinking herauskommen"*, kannst du denken:

➡️ *„Mein Verstand produziert gerade eine Angstgeschichte."*

Warum das hilft? Weil es dir zeigt, dass Gedanken nicht zwangsläufig Wahrheiten sind – sondern nur Gedanken.

---

3. Lerne, Gedanken zu akzeptieren, ohne ihnen zu glauben

Ein häufiger Irrglaube ist, dass du jeden Gedanken ernst nehmen musst. Doch dein Gehirn produziert täglich tausende Gedanken – und viele davon sind schlichtweg **nicht wahr**.

💡 **Übung:**

Wenn du einen belastenden Gedanken hast, frage dich:

- *Ist dieser Gedanke wirklich objektiv wahr – oder ist es nur eine Geschichte, die mein Kopf mir erzählt?*

- *Was würde ich einer guten Freundin sagen, wenn sie diesen Gedanken hätte?*

- *Kann ich diesen Gedanken einfach da sein lassen, ohne ihm zu folgen?*

Diese Übung hilft dir, Gedanken als das zu sehen, was sie sind: *Vorübergehende mentale Ereignisse, die nicht immer etwas mit der Realität zu tun haben.*

Der große Aha-Moment: Du bist nicht deine Gedanken

Ein entscheidender Schritt auf dem Weg aus dem Overthinking ist die Erkenntnis, dass **du nicht deine Gedanken bist**.

Dein Gehirn produziert ständig Gedanken – das ist seine Aufgabe. Aber du hast die Wahl, ob du ihnen folgst oder ob du sie nur beobachtest.

Stell es dir vor wie einen Radiosender:

- Manche Gedanken sind hilfreich – sie bringen dich weiter.

- Andere Gedanken sind wie ein schlecht eingestellter Sender voller Rauschen – du kannst entscheiden, ob du ihn weiterhörst oder umschaltest.

Du musst nicht jeden Gedanken ernst nehmen. Du kannst sie da sein lassen – und dann weiterziehen lassen.

Fazit: Akzeptanz als erster Schlüssel zur Veränderung

Akzeptanz ist kein Zeichen von Schwäche – im Gegenteil. Sie gibt dir die Freiheit, deine Gedanken nicht mehr als Feinde zu sehen, sondern als etwas, das du bewusst steuern kannst.

Sobald du akzeptierst, dass Gedanken einfach nur Gedanken sind, verlierst du die Angst vor ihnen – und das ist der erste Schritt zur inneren Ruhe.

2.2 Soforthilfe-Techniken gegen Grübelattacken (Praxisnahe Strategien, die sofort funktionieren)

Overthinking kann dich mitten im Alltag überfallen – in der Nacht, bei der Arbeit, in Gesprächen oder während du versuchst, dich zu entspannen. Plötzlich setzt das Gedankenkarussell ein, und es scheint unmöglich, wieder auszusteigen.

Doch du kannst dich aus diesen Gedankenschleifen befreien! In diesem Kapitel lernst du **hochwirksame Übungen und Techniken**, die du jederzeit anwenden kannst, um akutes Overthinking zu stoppen.

Soforthilfe-Übungen gegen Grübelattacken

Diese Übungen sind darauf ausgelegt, dein Gehirn sofort umzulenken, dein Nervensystem zu beruhigen und deine Gedankenspiralen zu stoppen.

1. Die 5-4-3-2-1 Methode – Hol dich sofort ins Hier & Jetzt

Wenn deine Gedanken rasen, hilft es, dich **bewusst auf deine Sinne zu konzentrieren**. Diese Übung bringt dich sofort zurück in den Moment:

→ **5 Dinge benennen, die du sehen kannst**

→ **4 Dinge benennen, die du fühlen kannst** (z. B. den Stoff deiner Kleidung, den Boden unter den Füßen)

→ **3 Dinge benennen, die du hören kannst** (z. B. Vogelge-
zwitscher, Straßenlärm)

→ **2 Dinge benennen, die du riechen kannst**

→ **1 Sache benennen, die du schmecken kannst**

Warum funktioniert das?

Diese Methode verlagert den Fokus von deinen Gedanken
auf deine ☐mgebung. Dein Gehirn kann nicht gleichzeitig in
der Zukunft grübeln und die Gegenwart wahrnehmen – so
unterbrichst du das Overthinking sofort.

2. Der Gedanken-Parkplatz – „Ich speichere das für spä-
ter"

Manchmal grübeln wir, weil unser Gehirn Angst hat, eine
wichtige Information zu vergessen. Hier hilft der „Gedanken-
Parkplatz".

💡 **So geht's:**

- Lege dir ein Notizbuch oder eine Notiz-App an.
- Sobald ein Grübelgedanke kommt, schreibe ihn auf –
  und sage dir:
  *„Ich habe ihn gespeichert. Ich kann mich später da-
  rum kümmern."*
- Falls du ihn später noch für wichtig hältst, kannst du
  ihn durchdenken – aber jetzt kannst du ihn loslassen.

Warum funktioniert das?

Dein Gehirn merkt: *Ich muss diesen Gedanken nicht festhalten, er ist sicher gespeichert.* Dadurch lässt die Grübelinten-
sität nach.

3. Die Gummiarmband-Technik – Sofortiges Gedanken-Stoppen

Falls du zu extremen Gedankenschleifen neigst, kann eine **physische Erinnerung** helfen, dein Gehirn umzuprogrammieren.

💡 **So geht's:**

- Trage ein loses Gummiarmband um dein Handgelenk.

- Immer wenn du merkst, dass du in eine Grübelspirale rutschst, ziehst du leicht daran und lässt es schnappen.

- Währenddessen sagst du dir **eine bewusste STOP-Botschaft:**
  „Genug. Ich lasse diesen Gedanken los."

Warum funktioniert das?

- Dein Gehirn bekommt eine **physische Unterbrechung**, die es aus dem Grübeln herausreißt.

- Mit der Zeit verknüpft es Overthinking mit einer bewussten Stop-Strategie.

4. Die 2-Minuten-Regel – Wenn du dich in einer Endlosschleife verlierst

Grübeln fühlt sich oft an, als müsstest du immer weiter nachdenken, bis du eine Lösung hast. Doch **meist gibt es keine perfekte Lösung – nur unnötigen Stress**.

💡 **So geht's:**

- Stelle einen Timer auf **2 Minuten**.

- Erlaube dir, in diesen 2 Minuten über dein Problem nachzudenken – aber dann ist Schluss.

- Wenn der Timer abläuft, zwinge dich, **etwas anderes zu tun** (z. B. eine Kleinigkeit im Haushalt erledigen oder eine kurze Bewegungspause machen).

Warum funktioniert das?

- Dein Gehirn bekommt **eine begrenzte Zeit zum Grübeln**, aber keine endlose Freiheit.

- Oft erkennst du nach den 2 Minuten, dass es gar nichts bringt, weiter nachzudenken.

---

5. Das Overthinking-Ritual – Bewusstes Grübeln statt unkontrolliertes Kreisen

Anstatt dich von Overthinking kontrollieren zu lassen, kannst du dir **eine feste Zeit am Tag nehmen**, um bewusst nachzudenken.

💡 So geht's:

- Setze dir eine feste „Grübelzeit" von **10–15 Minuten** am Tag.

- In dieser Zeit **darfst du bewusst über alles nachdenken**, was dich beschäftigt.

- Danach ist Schluss – falls wieder Gedanken aufkommen, sag dir: *„Dafür habe ich morgen meine Grübelzeit."*

Warum funktioniert das?

- Dein Gehirn gewöhnt sich daran, dass es nicht den ganzen Tag grübeln muss – es gibt dafür eine feste Zeit.
- Viele Menschen stellen fest, dass sie ihre „Grübelzeit" gar nicht mehr brauchen, wenn sie ihr Overthinking bewusst begrenzen.

---

6. Der Perspektivwechsel: „Wird das in 5 Jahren noch wichtig sein?"

Eine der besten Methoden, um Overthinking zu stoppen, ist die **5-Jahres-Frage**.

💡 So geht's:

- Wenn du über etwas grübelst, stelle dir die Frage: *„Wird das in 5 Jahren noch eine Rolle in meinem Leben spielen?"*

- Falls die Antwort **nein** ist, dann ist es **nicht wert**, deine Zeit und Energie dafür zu verschwenden.

Warum funktioniert das?

- Dein Gehirn bekommt eine **logische Perspektive**, anstatt sich im Drama zu verlieren.

- Diese Technik hilft besonders gut bei sozialen Ängsten oder Selbstzweifeln.

---

7. Die „Was-wäre-wenn?"-Technik – Dein Grübeln zu Ende denken

Falls du merkst, dass du dich immer wieder in Worst-Case-Szenarien verlierst, dann geh diese **bewusst zu Ende**.

💡 **So geht's:**

- Frage dich: *„Okay, was wäre das Schlimmste, was passieren könnte?"*

- Dann frage dich: *„Und wenn das passiert – wie würde ich damit umgehen?"*

- Dann frage dich: *„Ist das wirklich so schlimm, oder übertreibt mein Kopf gerade?"*

Warum funktioniert das?

- Dein Gehirn erkennt, dass dein Worst-Case-Szenario **gar nicht so schlimm ist**, wie es sich anfühlt.

- Oft verschwinden die Ängste, wenn du sie bewusst hinterfragst.

8. Die „Gedanken in Bewegung bringen"-Methode

(Stoppe Overthinking mit körperlicher Aktivität)

Overthinking entsteht oft, wenn wir still sitzen oder liegen. Das Gehirn bleibt hyperaktiv, während der Körper nichts zu tun hat. Eine der besten Methoden, um eine Gedankenspirale zu unterbrechen, ist **gezielte Bewegung**.

💡 **So geht's:**

- Sobald du merkst, dass du feststeckst, stehe auf und mache **3–5 Minuten aktive Bewegung**:

    o 20 Kniebeugen

    o Einmal durch die Wohnung laufen

    o Seilspringen

    o Ein schneller Spaziergang um den Block

- Achte darauf, dass du **deinen Fokus auf deinen Körper richtest** – spüre deine Muskeln, den Atem, den Boden unter deinen Füßen.

Warum funktioniert das?

- Körperliche Bewegung baut Stresshormone ab und bringt dich aus dem Kopf in den Körper.

- Dein Gehirn kann sich nicht gleichzeitig auf Overthinking und eine körperliche Aktivität konzentrieren.

9. Die „Grübel-Stimme verstellen"-Technik

(Mache deine negativen Gedanken lächerlich, um ihre Macht zu brechen)

Oft nehmen wir unsere Gedanken viel zu ernst. Eine kreative Möglichkeit, Overthinking sofort zu stoppen, ist, deine innere Stimme **künstlich zu verändern**.

💡 **So geht's:**

- Stelle dir den nervigen, sich wiederholenden Gedanken vor.

- Lies ihn dir innerlich laut vor – aber jetzt mit einer **witzigen Stimme**:

    o Wie würde Micky Maus klingen, wenn er diesen Satz sagt?

    o Oder eine langsame, überdramatische Opernstimme?

    o Oder eine super monotone, gelangweilte Roboterstimme?

- Wiederhole den Satz in dieser absurden Stimme einige Male.

Warum funktioniert das?

- Dein Gehirn nimmt den Gedanken nicht mehr so ernst.

- Humor ist ein mächtiges Werkzeug, um Ängste und Overthinking zu entschärfen.

37

10. Die „Danke, Gehirn!"-Technik

(Statt gegen Overthinking zu kämpfen, wertschätze es bewusst – und entwaffne es damit)

Wenn du versuchst, Overthinking zu unterdrücken, wird es oft noch stärker. Diese Technik nutzt das Gegenteil: **Statt Widerstand zu leisten, bedankst du dich einfach bei deinem Gehirn.**

💡 **So geht's:**

- Sobald du bemerkst, dass du wieder grübelst, sage innerlich:
  „Danke, Gehirn, dass du mich beschützen willst!"

- Falls der Gedanke wiederkommt, sag erneut:
  „Danke für deine Warnung – aber ich brauche sie gerade nicht."

- Lächle bewusst, während du das sagst.

Warum funktioniert das?

- Dein Gehirn merkt, dass du es nicht bekämpfst – dadurch verliert der Gedanke an Intensität.

- Die liebevolle Haltung nimmt dem Overthinking die Macht und verwandelt es in etwas Harmloses.

11. Die „Negative-zu-Positive-Umkehr"-Methode

(Lerne, deine Overthinking-Gedanken aktiv umzudrehen)

Wenn du über etwas Negatives grübelst, kannst du es **bewusst umformulieren**.

💡 **So geht's:**

- Schreibe den belastenden Gedanken auf.

- Stelle dir dann die Frage:
  „Was wäre die positivste, aber realistische Sichtweise auf diese Situation?"

- Formuliere den Gedanken in eine positive Version um.

◆ **Beispiel:**

- *„Ich habe bestimmt im Meeting etwas Dummes gesagt."*
  → **„Ich habe mich getraut, meine Meinung zu äußern – das allein ist schon wertvoll."*

- *„Ich werde nie aus diesem Overthinking rauskommen."*
  → **„Ich lerne Schritt für Schritt, bewusster mit meinen Gedanken umzugehen."*

Warum funktioniert das?

- Dein Gehirn fängt an, neue Denkmuster zu entwickeln, anstatt immer in dieselbe negative Spirale zu rutschen.

12. Die „Not-To-Do"-Liste

(Nicht nur Aufgabenlisten führen – sondern auch eine Liste, was du NICHT mehr tust!)

Oft halten wir uns an To-Do-Listen, aber **was wäre, wenn du eine „Not-To-Do-Liste" erstellst?**

💡 **So geht's:**

- Schreibe eine Liste mit Dingen, die du nicht mehr tun möchtest, weil sie dir schaden.

- Beispiele:

  - ✖ *Ich überprüfe nicht mehr fünfmal meine Nachrichten, um sicherzugehen, dass ich nichts Falsches geschrieben habe.*

  - ✖ *Ich wiederhole keine Gespräche mehr endlos in meinem Kopf.*

  - ✖ *Ich grübele nicht mehr nach 22 Uhr über Dinge, die ich nicht sofort ändern kann.*

Warum funktioniert das?

- Eine bewusste Liste erinnert dich daran, dass du **alte Muster loslassen darfst.**
- Jedes Mal, wenn du merkst, dass du wieder ins Overthinking verfällst, kannst du auf die Liste schauen.

13. Die „Power-Frage" – Sofortige Grübel-Stop-Frage

Wenn du dich in Overthinking verlierst, stelle dir diese eine Frage:

💡 **„Bringt mich dieser Gedanke meinem Ziel näher?"**

➡ **Falls ja:** Dann setze ihn produktiv ein und formuliere eine Handlung daraus.

➡ **Falls nein:** Dann lenke dich bewusst ab und stoppe das Grübeln.

Warum funktioniert das?

- Dein Gehirn wird sofort aus dem Autopilot-Modus herausgeholt.
- Statt ziellos zu grübeln, denkst du aktiv nach, ob dir dieser Gedanke gerade nützt oder nicht.

---

14. Die „3-Tage-Regel" für übertriebene Sorgen

Wenn du über eine Situation nicht aufhören kannst nachzudenken, frage dich:

💡 **„Wird mich das in 3 Tagen noch belasten?"**

Falls die Antwort **nein** ist – dann ist es nicht wert, deine Energie darauf zu verschwenden.

Falls die Antwort **ja** ist – dann überlege, ob es eine Handlung gibt, die du JETZT tun kannst, um das Problem zu lösen.

Warum funktioniert das?

- Die zeitliche Perspektive hilft dir, Grübeleien zu relativieren.

- Du erkennst schneller, dass viele Sorgen in ein paar Tagen bedeutungslos sind.

---

15. Der „Mentale Mülleimer" – Gedanken loslassen

Falls du das Gefühl hast, dass ein bestimmter Gedanke einfach nicht verschwinden will, dann entsorge ihn bewusst in deinem **mentalen Mülleimer**.

💡 **So geht's:**

- Stelle dir vor, du hältst diesen Gedanken in deiner Hand.

- Sieh ihn als einen zusammengeknüllten Zettel vor dir.

- Nun wirfst du ihn **in einen großen Mülleimer**.

- Spüre, wie der Gedanke aus deinem Kopf verschwindet.

Warum funktioniert das?

- Dein Gehirn liebt visuelle Bilder – wenn du den Gedanken „loslässt", fühlt es sich real an.

Fazit: Dein Werkzeugkasten gegen akutes Overthinking

Ab sofort hast du einen ganzen Werkzeugkasten an **hochwirksamen Techniken**, die dir helfen, wenn dein Kopf wieder auf Hochtouren läuft.

Jede dieser Übungen kann dir helfen – probiere aus, welche für dich am besten funktioniert!

Overthinker:
Analysiert jede
Möglichkeit, findet aber
keine klare Lösung..

Intuitiver Denker:
Akzeptiert
Unsicherheiten und
handelt mit Vertrauen

2.3 Tagebuchtechnik: Warum Aufschreiben deine Rettung ist (Strukturierte Vorlagen und Reflexionsfragen für mehr Klarheit)

Kennst du das Gefühl, dass deine Gedanken endlos im Kreis laufen, ohne dass du zu einer Lösung kommst? Als würdest du immer wieder dasselbe Problem durchdenken, aber ohne Fortschritt? Dann ist es Zeit für eine der wirkungsvollsten Techniken gegen Overthinking: **Das Aufschreiben deiner Gedanken.**

Tagebuchschreiben oder Journaling hilft dir dabei, deine Gedanken **zu ordnen, zu verlangsamen und bewusster wahrzunehmen**. Denn wenn du etwas auf Papier bringst, verliert es oft die übertriebene Macht, die es in deinem Kopf hatte.

Warum Aufschreiben so kraftvoll ist

📌 **1. Dein Kopf kann endlich loslassen.**
Wenn du eine Sorge oder einen Gedanken notierst, musst du ihn nicht mehr im Kopf behalten. Dein Gehirn merkt: *Ah, es ist sicher gespeichert – ich kann entspannen.*

📌 **2. Du bekommst mehr Klarheit.**
Beim Schreiben merkst du oft, dass deine Ängste oder

Zweifel in Worte gefasst gar nicht so dramatisch sind, wie sie sich angefühlt haben.

📌 3. Du wirst vom passiven Grübler zum aktiven Denker.

Statt ziellos zu grübeln, gehst du bewusst in die Reflexion – das gibt dir Kontrolle über dein Denken.

📌 4. Dein Unterbewusstsein findet Lösungen.

Oft tauchen beim Schreiben neue Perspektiven auf, die du beim bloßen Nachdenken nie gesehen hättest.

Welche Methode passt zu dir? – 4 Tagebuchtechniken gegen Overthinking

> Es gibt verschiedene Wege, Journaling gezielt gegen Overthinking einzusetzen. Probiere aus, welche Methode dir am meisten hilft!

---

1. Das „Gedanken-Müll"-Tagebuch

(Schreibe ALLES raus – ohne Filter!)

Diese Methode ist perfekt, wenn dein Kopf einfach nicht aufhören kann, zu denken. Hier geht es darum, deinen Kopf von allem „Müll" zu befreien, der dich belastet.

💡 **So geht's:**

- Nimm ein Notizbuch oder eine App und schreibe einfach drauflos.

- Notiere JEDEN Gedanken, ohne nachzudenken oder zu bewerten.

- Schreib einfach weiter, bis du das Gefühl hast, dein Kopf ist leer.

Warum funktioniert das?

- Dein Kopf hält Gedanken oft fest, weil er Angst hat, sie zu vergessen. Sobald sie aufgeschrieben sind, kann er sie loslassen.

- Beim Schreiben merkst du oft, dass viele deiner Sorgen gar nicht so wichtig oder real sind.

Beispiel:

📝 *„Ich mache mir Sorgen, dass ich nächste Woche nicht gut genug im Meeting bin. Aber eigentlich habe ich mich vorbereitet. Vielleicht sollte ich mir einen Notizzettel mit den wichtigsten Punkten schreiben, dann fühle ich mich sicherer."*

→ **Plötzlich wird eine Grübelattacke zu einer klaren Lösung.**

---

2. Die „Gedanken-Strukturieren"-Methode

(Stoppe chaotisches Overthinking mit einem geordneten System!)

Wenn du ein Mensch bist, der gerne Struktur hat, ist diese Methode ideal für dich. Statt einfach drauffloszuschreiben, unterteilst du deine Gedanken in Kategorien.

Erstelle eine Tabelle mit drei Spalten:

Gedanke	Ist er realistisch?	Handlung oder loslassen?
„Ich habe etwas Dummes gesagt."	Nein, vermutlich hat niemand es bemerkt.	Loslassen.
„Ich habe morgen viel zu tun."	Ja.	Aufgabenliste schreiben.

Warum funktioniert das?

- Dein Gehirn sieht schwarz auf weiß, dass viele deiner Gedanken nicht logisch sind.

- Falls ein Gedanke wichtig ist, wird er in eine Handlung umgewandelt – dann musst du nicht mehr weiter darüber nachdenken.

---

3. Die „5-Minuten-Reflexion" – Schnelle Klarheit am Abend

(Einfach, aber unglaublich effektiv!)

Falls du keine Lust hast, lange Texte zu schreiben, ist diese Methode ideal für dich. Du beantwortest einfach JEDEN Abend dieselben drei Fragen in 5 Minuten.

💡 So geht's:

Beantworte diese drei Fragen:

1. *Was war heute meine größte Overthinking-Sorge?*
2. *Wie realistisch war diese Sorge rückblickend?*
3. *Welche Erkenntnis nehme ich aus diesem Tag mit?*

Warum funktioniert das?

- Es dauert nur 5 Minuten, aber gibt dir langfristig ein unglaubliches Bewusstsein für dein Denken.

- Du wirst schnell merken, dass die meisten Sorgen **nach einem Tag bedeutungslos** erscheinen.

---

4. Das „Fokus-Tagebuch" – Lenke dein Denken auf das Positive

(Für alle, die Overthinking durch mehr Selbstvertrauen ersetzen wollen!)

Overthinking entsteht oft aus Selbstzweifeln. Diese Methode hilft dir, dein Gehirn darauf zu trainieren, **den Fokus auf das Positive zu lenken.**

💡 So geht's:

Jeden Abend schreibst du drei positive Dinge auf:

☑ *Was habe ich heute gut gemacht?*
☑ *Welche Entscheidung habe ich getroffen, auf die ich stolz bin?*
☑ *Was hat mir heute ein gutes Gefühl gegeben?*

Warum funktioniert das?

- Dein Gehirn gewöhnt sich daran, sich auf Erfolge statt Fehler zu konzentrieren.

- Overthinking nimmt automatisch ab, weil dein Kopf mehr positive Referenzpunkte hat.

Fazit: Warum Journaling ein Gamechanger für Overthinker ist

Egal, welche Methode du nutzt – regelmäßiges Schreiben wird dein Overthinking nachweislich verringern.

Denn:

✓ **Du gibst deinen Gedanken einen sicheren Platz – außerhalb deines Kopfes.**

✓ **Du siehst klarer, was wirklich wichtig ist und was losgelassen werden kann.**

✓ **Du lernst, bewusst mit deinem Denken umzugehen, anstatt ihm ausgeliefert zu sein.**

Setze dir eine Challenge:
🖊 **Probiere für 7 Tage eine der Techniken aus und beobachte, wie du dich fühlst.**

Kapitel 3: Dein persönlicher Weg zur inneren Ruhe

3.1 Gedankenmuster bewusst erkennen und verändern (Effektive Übungen und psychologische Strategien zur Neuausrichtung deines Denkens)

Viele Overthinker haben eins gemeinsam: **Sie merken oft gar nicht, dass sie in unbewusste Gedankenschleifen geraten.** Erst, wenn das Gedankenkarussell schon in vollem Gange ist, wird ihnen bewusst, dass sie sich wieder im Kreis drehen.

Doch der Schlüssel zur Veränderung ist, deine **automatischen Gedankenmuster zu entlarven – und dann aktiv umzuprogrammieren.**

Warum dein Gehirn immer wieder in alte Muster verfällt

⬚ nser Gehirn funktioniert wie eine Art **Autopilot**. Es liebt Routinen und sucht ständig nach Denkpfaden, die es schon oft gegangen ist – einfach, weil es effizienter ist.

Das Problem:
Wenn du über Jahre hinweg gelernt hast, auf jede ⬚ nsicherheit mit Overthinking zu reagieren, dann ist das für dein Gehirn zur „bevorzugten Autobahn" geworden.

💡 Stell dir vor:

- Deine **alten Gedankenmuster** sind wie eine tiefe Fahrrinne im Sand. Dein Gehirn fährt automatisch dort entlang, weil der Weg schon oft genutzt wurde.

- ⬚m dein Denken zu verändern, musst du **neue Wege anlegen** – und die alten ungenutzten Spuren langsam verblassen lassen.

Das braucht Übung, aber es ist möglich!

Wie du deine unbewussten Gedankenmuster aufdeckst

Der erste Schritt ist, deine **tief verwurzelten Überzeugungen** zu erkennen, die dein Overthinking immer wieder auslösen.

Frage dich:

◆ *Gibt es wiederkehrende Gedanken, die immer wieder auftauchen?*

◆ *Welche Glaubenssätze stecken hinter meinem Overthinking?*

◆ *Sind meine Überzeugungen wirklich wahr – oder habe ich sie nie hinterfragt?*

Hier sind einige **häufige Overthinking-Muster** und wie du sie bewusst entlarven kannst:

Typisches Overthinking-Muster	Neue, bewusst gewählte Denkweise
„Ich muss alles perfekt machen, sonst werde ich nicht akzeptiert."	„Ich bin auch wertvoll, wenn ich Fehler mache – Perfektion ist eine Illusion."
„Wenn ich über alles nachdenke, kann ich Fehler vermeiden."	„Ich kann nicht alle Eventualitäten kontrollieren – und das ist okay."
„Was andere über mich denken, ist entscheidend."	„Ich bin nicht für die Gedanken anderer verantwortlich – nur für meine eigenen."
„Ich muss immer die richtige Entscheidung treffen."	„Es gibt nicht immer eine perfekte Entscheidung – ich kann mit jeder Wahl umgehen."

Übung:

1 Schreibe deine häufigsten Overthinking-Sätze auf.

2 Formuliere eine **bewusst neue Denkweise**, die realistisch, aber positiver ist.

3 Lies diese neue Denkweise jeden Morgen durch – so „programmierst" du dein Gehirn um.

Methoden, um dein Denken langfristig neu auszurichten

1. Die 3-Sekunden-Regel – Sofortige Kontrolle über deine Gedanken

Wenn du merkst, dass du wieder in eine Grübelspirale rutschst, stelle dir eine einfache Regel:

💡 **Du hast genau 3 Sekunden, um den Gedanken zu unterbrechen.**

So geht's:

- Sobald du merkst, dass du über etwas grübelst, sage dir innerlich:
  „Stopp – ich entscheide mich jetzt bewusst für einen anderen Gedanken."

- Lenke dich für 30 Sekunden mit etwas **Aktivem** ab:

  - Mache 10 schnelle Atemzüge.

  - Stehe auf und bewege dich.

  - Zähle rückwärts von 20 bis 1.

Warum funktioniert das?

- Dein Gehirn braucht nur einen kurzen Moment der **Unterbrechung**, um aus der Grübel-Autobahn herauszukommen.

2. Der „Gedanken-Filter" – Lerne, nutzlose Gedanken auszusortieren

Nicht jeder Gedanke verdient deine Aufmerksamkeit. Aber Overthinker behandeln jeden einzelnen Gedanken, als wäre er wahnsinnig wichtig.

💡 **Übung:**
Wenn du wieder in einer Gedankenspirale steckst, stelle dir die folgende **3-Finger-Regel** vor:

- **Zeigefinger:** *Ist dieser Gedanke gerade hilfreich?*

- **Mittelfinger:** *Kann ich gerade etwas an der Situation ändern?*

- **Ringfinger:** *Oder ist es nur ein Gedanke, den ich ziehen lassen kann?*

Falls der Gedanke nicht hilfreich ist oder du ihn nicht ändern kannst – **lass ihn los!**

Warum funktioniert das?

- Dein Gehirn bekommt ein klares Signal, dass nicht jeder Gedanke Aufmerksamkeit verdient.

- Mit der Zeit wirst du automatisch anfangen, **nutzlose Gedanken schneller auszusortieren.**

3. Das „Gedanken-Detektiv"-Spiel – Deine Überzeugungen auf den Prüfstand stellen

Viele unserer Overthinking-Muster beruhen auf **ungesunden Denkmustern**, die wir nie hinterfragt haben.

💡 Übung:

Wenn du merkst, dass du an einer negativen Überzeugung festhängst, stelle dir 3 Fragen:

1 *Welche Beweise gibt es dafür, dass dieser Gedanke stimmt?*
2 *Welche Beweise gibt es dagegen?*
3 *Wenn mein bester Freund diesen Gedanken hätte – was würde ich ihm sagen?*

Warum funktioniert das?

- Oft merken wir erst durch diese Übung, dass viele unserer Überzeugungen **keine echte Grundlage haben**.

Fazit: Dein neues Denken beginnt heute!

Dein Overthinking ist kein Schicksal – es ist nur ein altes Muster, das du durch neue, bewusst gewählte Gedanken ersetzen kannst.

✓ **Erkenne deine unbewussten Denkmuster.**

✓ **Formuliere neue, stärkende Überzeugungen.**

✓ **Nutze gezielte Methoden, um dein Gehirn umzuprogrammieren.**

Challenge:

📌 **Schreibe dir deine häufigsten Overthinking-Glaubenssätze auf und erstelle für jeden eine neue, stärkende Version. Lies diese jeden Tag für 14 Tage – du wirst sehen, wie sich dein Denken verändert!**

3.2 Die Vergangenheit akzeptieren – Frieden schließen lernen (Tiefgehende Reflexionsfragen & Übungen für emotionalen Abschluss)

Jeder Overthinker kennt es: **Szenen aus der Vergangenheit, die immer wieder auftauchen.** Vielleicht erinnerst du dich an eine peinliche Situation, ein schmerzhaftes Erlebnis oder eine falsche Entscheidung – und dein Gehirn spielt es in Dauerschleife ab.

Doch die Vergangenheit ist vorbei. Das Einzige, was sie am Leben hält, ist dein ständiges Nachdenken darüber. nd genau das werden wir jetzt Schritt für Schritt loslassen.

Warum hält dein Gehirn so sehr an der Vergangenheit fest?

nser Gehirn liebt es, nach Erklärungen zu suchen – und gerade negative Erfahrungen bleiben besonders lange haften. Warum?

- **Emotionale Intensität:** Je stärker ein Erlebnis war, desto tiefer hat es sich eingebrannt.

- **Unvollendete Geschichten:** Dein Gehirn versucht, „offene Kapitel" zu schließen – doch oft gibt es keine klare Antwort.

- **Selbstkritik:** Viele Overthinker geben sich selbst die Schuld an vergangenen Ereignissen und quälen sich mit „Was wäre, wenn...?"-Gedanken.

💡 **Die Wahrheit ist:**

Du kannst die Vergangenheit nicht ändern – aber du kannst **deinen Umgang mit ihr ändern**.

Schritt 1: Erkenne, welche Vergangenheitsgedanken dich festhalten

Nicht jede Erinnerung ist ein Problem – nur die, die du **ständig wiederholst, ohne daraus zu lernen**.

Übung:
Setze dich hin und beantworte diese Fragen schriftlich:

📌 *Welche drei Erinnerungen aus der Vergangenheit tauchen immer wieder in meinem Kopf auf?*

📌 *Welche Emotionen löst jede dieser Erinnerungen in mir aus?*

📌 *Welche offenen Fragen stelle ich mir immer wieder zu diesen Erlebnissen?*

📌 *Habe ich einen realistischen Einfluss darauf – oder liegt es außerhalb meiner Kontrolle?*

Diese Übung hilft dir, unbewusstes Grübeln über die Vergangenheit **bewusst zu machen**.

Schritt 2: Die Vergangenheit aktiv loslassen – 5 kraftvolle Methoden

1. Die „Reframe"-Methode – Neue Bedeutung geben

Oft grübeln wir über die Vergangenheit, weil wir ein Erlebnis negativ bewerten. Doch **du kannst entscheiden, wie du es siehst.**

💡 **Übung:**

- Schreibe eine belastende Erinnerung auf.

- Frage dich:

  o *Gibt es eine positive oder lehrreiche Seite daran?*

  o *Habe ich durch diese Erfahrung etwas über mich oder das Leben gelernt?*

- Schreibe eine neue Version dieser Erinnerung aus einer **positiveren Perspektive.**

Beispiel:

📝 *„Ich habe damals in der Präsentation einen dummen Fehler gemacht – das war so peinlich!"*

→ **„Ich habe gelernt, dass ich mich auf stressige Situationen besser vorbereiten muss. Heute bin ich viel sicherer."**

2. Der „Vergangenheits-Brief" – Emotionen loslassen

Falls dich eine alte Situation immer noch belastet, hilft es, ihr einen bewussten Abschluss zu geben.

💡 **Übung:**

- Schreibe einen **Brief an deine Vergangenheit**.

- Sprich direkt mit deinem jüngeren Ich oder einer Person, die mit dem Erlebnis verbunden ist.

- Erlaube dir, **alle Emotionen rauszulassen** – Wut, Trauer, Scham.

- Am Ende schreibe: *„Ich entscheide mich, diese Erinnerung loszulassen."*

Du musst diesen Brief nicht abschicken – der Prozess des Schreibens allein hilft dir, innerlich Frieden zu finden.

---

3. Die „Vergangenheits-Kiste" – Mentale Entsorgung

Falls du Erinnerungen hast, die du nicht mehr in deinem Leben brauchst, dann lege sie **symbolisch ab**.

💡 **So geht's:**

- Stell dir eine **kleine Kiste** in deinem Kopf vor.

- Schreibe alle belastenden Erinnerungen auf kleine Zettel.

- Falte die Zettel und **lege sie in die Kiste** – dann schließe sie.

- Stelle dir vor, wie du diese Kiste **an einen Ort bringst, wo du sie nicht mehr öffnen musst.**

Warum funktioniert das?
Dein Gehirn liebt visuelle Bilder – wenn du dich von etwas **symbolisch trennst**, fühlt es sich realer an.

---

4. Die „Vergangenheits-Selbstliebe"-Technik

Viele Overthinker verurteilen ihr früheres Ich. Doch **du warst damals eine andere Person – mit weniger Wissen und Erfahrung als heute.**

💡 **Übung:**

- Schaue dir ein altes Foto von dir an, aus der Zeit, über die du grübelst.

- Sieh dieses jüngere Ich mit Mitgefühl an – als wärst du dein eigener bester Freund.

- Sage laut:

  - *„Du hast damals dein Bestes gegeben. Ich vergebe dir."*

  - *„Ich liebe und akzeptiere mich, egal welche Fehler ich gemacht habe."*

Warum funktioniert das?

- Statt dich selbst zu kritisieren, gibst du dir **Mitgefühl und Vergebung.**

5. Die „3-Wahrheiten"-Methode – Klare Fakten statt Gedankenkarussell

Falls du immer wieder über eine Situation nachdenkst, kann es helfen, **sie neutral zu betrachten**.

💡 **Übung:**

Schreibe über eine belastende Erinnerung **drei unbestreitbare Wahrheiten** auf.

Beispiel:

📌 *„Ich hätte mich damals anders verhalten sollen."*

→ Drei Wahrheiten:

1 Ich kann die Vergangenheit nicht ändern, nur meinen Umgang damit.

2 Ich hatte damals nicht das Wissen, das ich heute habe.

3 Mein Wert als Mensch hängt nicht von einem Fehler ab.

Warum funktioniert das?

- Dein Gehirn bekommt eine **klare, logische Perspektive**, statt sich in negativen Emotionen zu verlieren.

Fazit: Du bist nicht deine Vergangenheit – du bist dein Heute!

Deine Vergangenheit hat dich geformt, aber sie bestimmt nicht deine Zukunft. Du hast jeden Tag die Möglichkeit, **neue Entscheidungen zu treffen und dein Leben bewusst zu gestalten.**

✓ Du kannst die Vergangenheit nicht ändern – aber du kannst entscheiden, wie du mit ihr umgehst.

✓ Jede Erfahrung, egal wie schmerzhaft, kann eine Lektion enthalten.

✓ Selbstliebe und Akzeptanz sind die Schlüssel zu innerem Frieden.

Challenge:

📌 Wähle eine der Übungen aus und probiere sie heute noch aus. Erlaube dir, einen Teil der Vergangenheit endlich loszulassen.

3.3 Umgang mit Kritik und der Meinung anderer Menschen (Abgrenzung üben, Selbstbewusstsein stärken)

Viele Overthinker grübeln nicht nur über eigene Entscheidungen, sondern auch darüber, **was andere über sie denken könnten**. Vielleicht kennst du das:

- Du machst dir tagelang Sorgen über eine kritische Bemerkung.

- Du denkst über ein Gespräch nach und überlegst, ob du dich falsch verhalten hast.

- Du fühlst dich schlecht, wenn jemand nicht positiv auf dich reagiert.

Die Angst vor Kritik und Ablehnung ist tief in uns verwurzelt – aber du kannst lernen, dich davon zu befreien.

Warum sind wir so anfällig für Kritik?

Unser Gehirn ist darauf programmiert, soziale Zugehörigkeit zu suchen. In der Steinzeit war es überlebenswichtig, von der Gruppe akzeptiert zu werden – denn allein hätte ein Mensch kaum überlebt.

Deshalb lösen Kritik oder negative Meinungen oft **eine Stressreaktion in uns aus**. Unser Gehirn denkt, wir seien in Gefahr – obwohl in der modernen Welt keine echte Bedrohung besteht.

> 💡 **Die Wahrheit ist:**
>
> Kritik ist **nur eine Meinung** – sie hat nur so viel Macht, wie du ihr gibst.

Schritt 1: Kritisches Denken über Kritik entwickeln

Nicht jede Kritik ist wertvoll. Viele Overthinker nehmen jede negative Bemerkung viel zu ernst – doch die Wahrheit ist:

✓ **Manche Kritik ist konstruktiv und hilft dir, dich zu verbessern.**

✓ **Manche Kritik ist unfair, subjektiv oder spiegelt nur die Unsicherheiten des Kritikers wider.**

✓ **Manche Menschen kritisieren, weil sie selbst unglücklich sind – nicht, weil mit dir etwas falsch ist.**

Übung:
Denke an eine Kritik, die dich getroffen hat, und stelle dir folgende Fragen:

📌 *Von wem kommt diese Kritik – ist es jemand, dessen Meinung für mein Leben wirklich relevant ist?*

📌 *Ist diese Kritik fair und sachlich – oder emotional und unreflektiert?*

📌 *Bringt mich diese Kritik weiter – oder hält sie mich klein?*

💡 **Merke:**

- **Konstruktive Kritik** kannst du annehmen und als Wachstum nutzen.
- **Unfaire Kritik** darfst du bewusst abweisen – sie gehört nicht zu dir.

Schritt 2: Die „Kritik-Perspektiven-Technik" – So reagierst du gelassen

Falls dich eine Kritik verletzt, probiere diese Methode aus:

🔑 **Übung:**

1 Betrachte die Situation aus der Perspektive einer neutralen Person.

- Was würde jemand, der dich gut kennt, über diese Kritik sagen?

- Würde er sie als gerechtfertigt oder als übertrieben empfinden?

2 Versetze dich in die Perspektive des Kritikers.

- Könnte es sein, dass er oder sie einen schlechten Tag hatte?

- Hat die Person selbst Unsicherheiten, die sie auf dich projiziert?

3 Erkenne, dass Meinungen subjektiv sind.

- **Erinnerung:** Jemand kann dich kritisieren – aber das bedeutet nicht, dass er recht hat.

Diese Technik hilft dir, **Distanz zu gewinnen** und Kritik nicht zu persönlich zu nehmen.

Schritt 3: Grenzen setzen – Lerne, dich abzugrenzen

Nicht jede Kritik verdient eine Antwort. Wenn jemand dich unfair kritisiert, kannst du lernen, dich zu schützen.

💡 **Möglichkeiten der Abgrenzung:**

◆ **Ignorieren:** Falls die Kritik sinnlos oder destruktiv ist, schenke ihr keine Aufmerksamkeit.

◆ **Souverän reagieren:** Falls du eine Antwort geben möchtest, sage ruhig:

- *„Danke für dein Feedback, aber ich sehe das anders."*

- *„Interessante Meinung – ich bleibe aber bei meiner Entscheidung."*

  ◆ **Verlasse die Situation:** Falls jemand dich bewusst schlecht macht, hast du das Recht, dich zu distanzieren.

Schritt 4: Die „Was wäre das Schlimmste?"-Technik

Falls du Angst vor der Meinung anderer hast, stelle dir die Frage:

💡 **„Was wäre das Schlimmste, wenn diese Person mich nicht mag?"**

→ Die Wahrheit ist: **Es würde nichts Schlimmes passieren.**

Übung:

- Denke an jemanden, dessen Meinung dich stresst.

- Stell dir vor, diese Person kritisiert dich.

- Frage dich: **Was würde sich wirklich an meinem Leben ändern?**

In den meisten Fällen erkennst du: **Es hat keine wirklichen Konsequenzen.**

Schritt 5: Dein Selbstwert ist nicht von anderen abhängig

Viele Overthinker hängen ihr Selbstwertgefühl an die Meinung anderer. Doch das ist eine Illusion.

✓ **Du bist nicht wertvoll, weil andere dich mögen – du bist wertvoll, weil du DU bist.**
✓ **Dein Selbstwert hängt nicht von Likes, Kommentaren oder Bestätigung ab.**
✓ **Jemand kann dich kritisieren – aber das ändert nichts an deinem Wert als Mensch.**

Übung:
Notiere drei Dinge, die dich wertvoll machen – unabhängig von der Meinung anderer.

📌 *Ich bin empathisch und unterstütze meine Freunde.*
📌 *Ich habe Stärken und Talente, die mich einzigartig machen.*
📌 *Ich darf Fehler machen, ohne dass mein Wert sinkt.*

💡 Lies diese Liste täglich – so trainierst du dein Gehirn, sich auf das **Eigene statt auf die Meinung anderer** zu konzentrieren.

Fazit: Du kannst Kritik gelassener nehmen!

✓ Nicht jede Kritik ist wichtig – wähle bewusst aus, welche du annimmst.

✓ Du kannst dich vor unfairer Kritik abgrenzen – ohne Schuldgefühle.

✓ Dein Selbstwert ist unabhängig von der Meinung anderer!

Challenge:

📌 Falls du heute auf eine Kritik stößt, wende eine dieser Methoden an und beobachte, wie du dich fühlst.

3.4 Entscheidungen treffen, ohne dich dabei selbst zu blockieren (Methoden für mehr Klarheit und innere Sicherheit)

Overthinking und Entscheidungsschwäche gehen oft Hand in Hand. Vielleicht kennst du das:

- Du stehst vor einer Entscheidung – egal ob groß oder klein – und fühlst dich wie gelähmt.

- Du denkst alle Möglichkeiten durch, findest aber keine perfekte Lösung.

- Du hast Angst, die falsche Wahl zu treffen und es später zu bereuen.

Dieses ewige Hin- und Herdenken kann sich so anfühlen, als wärst du in einer Sackgasse gefangen. Doch die Wahrheit ist: **Jede Entscheidung ist besser als keine Entscheidung.**

Warum fällt es Overthinkern so schwer, sich zu entscheiden?

Entscheidungsschwäche hat oft tiefere Ursachen als bloße Unsicherheit. Meist sind es **unbewusste Ängste**, die uns blockieren:

✓ **Die Angst vor Fehlern** – *„Was, wenn ich die falsche Wahl treffe?"*

✓ **Der Wunsch nach Perfektion** – *„Es muss die absolut beste Entscheidung sein!"*

✓ **Der Druck, anderen zu gefallen** – *„Was werden andere dazu sagen?"*

✓ **Das Gefühl, keine Kontrolle zu haben** – *„Was, wenn sich nachher etwas ändert?"*

Doch die Wahrheit ist: **Perfekte Entscheidungen gibt es nicht.**

💡 Merke:

- Entscheidungen sind immer mit Unsicherheit verbunden – das ist normal.

- Selbst „falsche" Entscheidungen bringen dich weiter, weil sie dir wertvolle Erfahrungen schenken.

- Keine Entscheidung zu treffen ist oft schlimmer als eine „nicht perfekte" Entscheidung zu treffen.

Der größte Fehler bei Entscheidungen: Das ewige Abwägen

Viele Overthinker denken, sie müssten ALLE Eventualitäten durchspielen, bevor sie sich entscheiden können. Sie verbringen Stunden, Tage oder sogar Wochen damit, alle möglichen Konsequenzen abzuwägen – nur um am Ende trotzdem unsicher zu sein.

Doch dieses ständige Überdenken führt oft zu zwei Problemen:

1 **Paralyse durch Analyse:** Je mehr du über eine Entscheidung nachdenkst, desto schwerer erscheint sie dir.
2 **Aufgeschobene Entscheidungen bringen Stress:** Wenn du zu lange zögerst, bleibt die ⍰nsicherheit bestehen – und wird oft schlimmer.

Die Wahrheit ist:

◆ Eine Entscheidung zu treffen gibt dir **Klarheit und mentale Freiheit**.

◆ Selbst wenn es nicht die „perfekte" Entscheidung ist – du kannst sie später anpassen oder korrigieren.

Wie du lernst, Entscheidungen mit mehr Leichtigkeit zu treffen

1. Akzeptiere, dass du nie ALLE Informationen haben wirst

Es gibt immer ⍰nbekannte in jeder Entscheidung. Selbst wenn du monatelang recherchierst, wirst du nie mit absoluter Sicherheit wissen, was die „beste" Wahl ist.

💡 **Neue Denkweise:**
→ Anstatt nach Perfektion zu suchen, frage dich: *„Ist diese Entscheidung gut genug für meinen aktuellen Wissensstand?"*

Das nimmt sofort den Druck heraus.

2. Erkenne den Unterschied zwischen großen und kleinen Entscheidungen

Viele Overthinker stecken genauso viel Energie in die Wahl einer Pizza wie in die Entscheidung für einen neuen Job. Doch nicht alle Entscheidungen sind gleich wichtig!

💡 **Frage dich:**

📌 *Wird diese Entscheidung mein Leben in 5 Jahren noch beeinflussen?*

→ Falls NEIN: **Triff eine schnelle Wahl – sie ist nicht so wichtig, wie dein Gehirn denkt.**

→ Falls JA: **Gib dir bewusst Zeit, aber setze eine Deadline, um nicht in Endlos-Schleifen zu geraten.**

---

3. Lerne, deiner Intuition mehr zu vertrauen

Manche Entscheidungen kannst du nicht mit Logik treffen – sie brauchen **Gefühl.**

💡 **Übung:**

- Stelle dir beide Optionen vor und achte darauf, **wie dein Körper reagiert.**

- Fühlt sich eine Option **leichter** an? Das ist oft ein Zeichen, dass sie besser für dich ist.

Viele Overthinker haben verlernt, ihrer Intuition zu vertrauen – doch dein Bauchgefühl hat oft mehr Weisheit, als du denkst.

4. Setze eine Entscheidungs-Deadline für dich selbst

Falls du dazu neigst, Entscheidungen ewig aufzuschieben, setze dir eine klare **Frist**:

📌 *„Ich werde mich bis morgen um 12 Uhr entscheiden – und dann höre ich auf, darüber nachzudenken."*

Dieser kleine Trick verhindert, dass du dich in Endlosschleifen verlierst.

---

5. Mache dir bewusst: Fast jede Entscheidung kann revidiert werden

Eine der größten Ängste beim Entscheiden ist: **„Was, wenn ich es bereue?"**

Doch die Wahrheit ist:

✓ Die meisten Entscheidungen sind **nicht endgültig**.
✓ Falls du nachträglich merkst, dass etwas nicht passt – kannst du **eine neue Entscheidung treffen**.

💡 **Neue Denkweise:**

➞ **Anstatt zu denken: „Was, wenn es falsch ist?"**, denke: *„Falls es nicht passt, kann ich es anpassen."*

Das gibt dir sofort mehr innere Sicherheit.

Fazit: Entscheidungen sind leichter, als dein Gehirn denkt

✓ Perfekte Entscheidungen gibt es nicht – aber jede Wahl bringt dich weiter.

✓ Unsicherheit gehört dazu – sie ist kein Zeichen, dass du falsch liegst.

✓ Zu lange zu warten ist oft die schlechteste Entscheidung.

✓ Fast alles kann geändert oder angepasst werden – du bist nicht gefangen!

Challenge:

📌 Falls du gerade vor einer Entscheidung stehst, setze dir eine Deadline und wähle bewusst – ohne Perfektionsdruck!

Kapitel 4: Nachhaltige Veränderung schaffen – Deine innere Balance finden

Bisher hast du viele effektive Methoden kennengelernt, um Overthinking zu verstehen, zu stoppen und deine Denkweise langfristig zu verändern. Doch das wichtigste Ziel ist, dass du diese Veränderungen **nicht nur kurzfristig**, sondern dauerhaft in dein Leben integrierst.

Denn genau hier scheitern viele Menschen: Sie probieren Techniken aus, erleben kurzfristige Erfolge – aber nach ein paar Wochen fallen sie wieder in ihre alten Muster zurück. **Damit das nicht passiert, geht es in diesem Abschnitt darum, nachhaltige Gewohnheiten zu entwickeln, die dein Gedankenkarussell langfristig stoppen.**

4.1 Gewohnheiten entwickeln, die dein Gedankenkarussell stoppen

(Langfristige Veränderung durch tägliche Routinen)

Veränderung geschieht nicht über Nacht – sie entsteht durch **tägliche, kleine Schritte.**

> 💡 **Merke:**
> ✓ **Was du regelmäßig tust, bestimmt, wer du wirst.**
> ✓ **Nicht deine einmaligen Entscheidungen, sondern deine Gewohnheiten formen dein Denken.**
> ✓ **Du musst keine riesigen Veränderungen machen – schon kleine Anpassungen haben eine große Wirkung.**

Warum Gewohnheiten so mächtig sind

◆ Dein Gehirn liebt Routinen.

◆ Sobald etwas zur Gewohnheit wird, geschieht es automatisch – ohne viel Nachdenken.

◆ Durch neue Routinen kannst du Overthinking langfristig umprogrammieren.

Beispiel:
Jemand, der jahrelang jeden Abend vor dem Schlafengehen über alle möglichen Probleme nachdenkt, wird es automatisch tun – einfach, weil es zur Gewohnheit geworden ist. Aber genau so kannst du dein Gehirn umtrainieren, um eine neue, positive Routine zu schaffen.

Welche Gewohnheiten helfen dir, Overthinking zu reduzieren?

Hier sind einige **einfache, aber hochwirksame Gewohnheiten**, die dir helfen, dein Gedankenkarussell langfristig zu stoppen.

---

1. Die 10-Minuten-Abendroutine – Entspannt statt überlastet einschlafen

Falls du zu den Menschen gehörst, die nachts grübeln, kann eine bewusste Abendroutine Wunder wirken.

💡 **So geht's:**

1 **20 Minuten vor dem Schlafengehen kein Handy oder Social Media.**

2 **5 Minuten reflektieren:** Schreibe in ein Notizbuch, was heute gut war und was du loslassen kannst.

3 **5 Minuten Entspannungsübung:** Atemtechnik oder progressive Muskelentspannung.

Warum funktioniert das?

✓ Dein Gehirn lernt, dass der Tag bewusst abgeschlossen wird – es muss nicht weiter nachdenken.

✓ Du gibst deinen Gedanken einen „Platz", sodass sie sich nicht in der Nacht aufdrängen.

---

2. Die „Gedanken-Stopp"-Methode als Tagesroutine

Falls du tagsüber oft ins Overthinking abrutschst, hilft es, ein bewusstes **„Gedanken-Stopp-Signal"** zu etablieren.

💡 **So geht's:**

1 Sobald du merkst, dass du grübelst, sage innerlich **„Stopp!"**

2 Atme tief durch und lenke deine Aufmerksamkeit auf das Hier & Jetzt.

3 Stelle dir die Frage: *„Hilft mir dieser Gedanke gerade weiter?"*

4 Falls nein – lenke dich aktiv ab (kleine Bewegung, Fokus auf eine Handlung).

Warum funktioniert das?

✓ Dein Gehirn lernt, Overthinking frühzeitig zu unterbrechen.

✓ Du kommst schneller aus negativen Gedankenschleifen heraus.

---

3. Bewusst „Gedanken-Pausen" im Alltag einbauen

Viele Overthinker sind **permanent im Kopf** – ohne bewusste Pausen. Deshalb ist es wichtig, dein Gehirn **regelmäßig herunterzufahren.**

💡 **So geht's:**

➡ **Plane 3x täglich eine bewusste „Denkpause" ein (je 5–10 Minuten).**

→ In dieser Zeit tust du etwas, was NICHTS mit Denken zu tun hat:

- Musik hören und einfach nur atmen.

- Eine Runde spazieren gehen.

- Etwas mit den Händen tun (Malen, Schreiben, Basteln, Kochen).

Warum funktioniert das?

✓ Dein Gehirn lernt, dass es nicht ständig aktiv sein muss.

✓ Du kommst in den Zustand der bewussten Entspannung – ohne Overthinking.

---

4. Die „Mentale Diät" – Schütze dich vor negativen Einflüssen

Overthinking wird oft durch äußere Reize verstärkt – vor allem durch **Medien, toxische Menschen oder stressige Inhalte.**

💡 **Übung:**

◆ Beobachte für eine Woche, was du konsumierst (Social Media, Nachrichten, Gespräche).

◆ Frage dich: *„Tut mir das gut – oder verstärkt es mein Overthinking?"*

◆ Reduziere bewusst Dinge, die dich stressen.

Warum funktioniert das?

✓ Wenn du negative Reize reduzierst, wird dein Gehirn automatisch ruhiger.

✓ Weniger Input = weniger Overthinking.

---

5. Tägliche Selbstfürsorge statt Selbstkritik

Viele Overthinker sind **sehr streng mit sich selbst**. Doch wenn du langfristig aus Overthinking aussteigen willst, brauchst du eine **freundlichere Haltung dir selbst gegenüber.**

💡 **Tägliche Mini-Selbstfürsorge-Routine:**

→ **Morgens:** Eine positive Affirmation (*„Ich bin genug, so wie ich bin."*)

→ **Tagsüber:** Ein bewusster Moment der Dankbarkeit (*„Was lief heute gut?"*)

→ **Abends:** Ein kurzer Satz der Selbstakzeptanz (*„Ich habe mein Bestes gegeben."*)

Warum funktioniert das?

✓ Du trainierst dein Gehirn auf **Selbstakzeptanz statt Selbstkritik.**

✓ Dein Overthinking nimmt ab, weil du weniger selbstzweifelnde Gedanken hast.

Fazit: Kleine Schritte, große Wirkung!

Die Formel für langfristige Veränderung:

📌 Kleine tägliche Routinen → Wiederholung → Gehirn programmiert sich um → Overthinking nimmt ab.

✓ Entspannung muss zur Gewohnheit werden – nicht nur zur Notfalllösung.

✓ Bewusst „Denkräume" im Alltag einplanen, um Overthinking zu reduzieren.

✓ Selbstfürsorge als festen Bestandteil deines Tages etablieren.

4.2 Selbstfürsorge statt Selbstzerfleischung (Praktische Wege zu mehr Selbstakzeptanz und innerer Ruhe)

Viele Overthinker haben eines gemeinsam: **Sie sind unglaublich hart zu sich selbst.** Während sie für andere oft verständnisvoll und mitfühlend sind, gehen sie mit sich selbst oft gnadenlos ins Gericht.

Vielleicht kennst du das:

- Du kritisierst dich für jeden Fehler – selbst für Kleinigkeiten.

- Du vergleichst dich ständig mit anderen und fühlst dich minderwertig.

- Deine innere Stimme ist voller Selbstzweifel und harscher ⬚ rteile.

Doch dieser ständige innere Kampf kostet Energie, verstärkt Overthinking und führt zu Stress. **Deshalb ist Selbstfürsorge kein Luxus, sondern eine Notwendigkeit, wenn du dein Gedankenkarussell wirklich stoppen willst.**

Warum ist Selbstfürsorge für Overthinker so schwer?

📌 **Grund 1: Die Illusion, dass Selbstkritik hilft**

Viele Overthinker glauben unbewusst, dass sie sich selbst antreiben müssen, um „besser" zu werden. Sie denken:

- *„Wenn ich mich selbst nicht kritisiere, werde ich faul oder nachlässig."*

- *„Wenn ich meine Fehler nicht ständig analysiere, mache ich sie wieder."*

Doch das ist ein Irrtum. **Dauerhafte Selbstkritik lähmt dich – sie hilft dir nicht, dich zu verbessern.**

🏹 Grund 2: Alte Muster aus der Kindheit

Oft stammen selbstkritische Gedanken aus der Vergangenheit. Vielleicht hast du gelernt, dass du „perfekt" sein musst, um geliebt oder anerkannt zu werden. Oder du wurdest für Fehler stark kritisiert und hast dieses Muster übernommen.

Doch heute kannst du entscheiden, anders mit dir umzugehen.

🏹 Grund 3: Der Vergleich mit anderen

Viele Overthinker messen ihren Wert daran, wie sie im Vergleich zu anderen abschneiden. Doch das führt nur zu ⬚nsicherheit – denn es wird **immer** jemanden geben, der scheinbar erfolgreicher, schöner oder klüger ist.

💡 **Die Wahrheit ist:**
Du bist nicht hier, um **besser als andere** zu sein – du bist hier, um **glücklich mit dir selbst** zu sein.

Wie du Selbstfürsorge in deinen Alltag integrierst

Selbstfürsorge bedeutet nicht nur, ein Bad zu nehmen oder Schokolade zu essen – sie bedeutet, anders mit dir selbst zu sprechen, dich emotional zu unterstützen und dir selbst ein guter Freund zu sein.

Hier sind **praktische Wege**, wie du Selbstfürsorge wirklich in dein Leben bringst.

---

1. Ändere deine innere Stimme – werde dein eigener Unterstützer

Jeder Overthinker kennt die kritische Stimme im Kopf, die sagt:

- *„Das war nicht gut genug."*
- *„Warum hast du das gesagt? Das war peinlich."*
- *„Du hättest es besser machen müssen."*

Doch stell dir vor, **du würdest mit einem guten Freund so sprechen** – würdest du das tun? Wahrscheinlich nicht. Also warum tust du es mit dir selbst?

💡 **Übung:**

Immer wenn du merkst, dass deine innere Stimme dich kritisiert, frage dich:

📌 *„Würde ich so mit meinem besten Freund sprechen?"*

Falls nein – **ändere den Satz.**

Beispiel:

❌ *„Ich bin so dumm, dass ich das vergessen habe."*

✓ **„Okay, ich habe es vergessen – das passiert jedem. Beim nächsten Mal mache ich mir eine Notiz."**

Das klingt einfach, aber es verändert dein Denken langfristig enorm.

2. Baue bewusste „Ich-muss-nichts"-Zeiten ein

Overthinker haben oft das Gefühl, dass sie **ständig produktiv sein müssen**. Doch dein Gehirn braucht auch Momente, in denen **du einfach nur sein darfst**.

💡 **Übung:**

Plane jeden Tag 15–30 Minuten **absolute „Ich-muss-nichts"-Zeit** ein.

→ Keine To-Do-Listen.

→ Keine Selbstoptimierung.

→ Kein Ziel, das du erreichen musst.

Einfach nur **sein**, ohne dich schuldig zu fühlen.

Warum? Weil du **auch ohne Leistung wertvoll bist**.

---

3. Erkenne, dass du nicht perfekt sein musst – und niemand es ist

Viele Overthinker haben einen hohen Perfektionismus. Doch Perfektion ist eine **Illusion** – sie existiert nicht.

💡 **Neue Denkweise:**

📌 *„Ich darf Fehler machen. Fehler sind nicht das Gegenteil von Erfolg – sie sind ein Teil davon."*

☑ **Jeder Mensch hat Schwächen – und das ist okay.**

☑ **Jeder macht Fehler – und wächst daran.**

☑ **Nicht perfekt zu sein, macht dich menschlich und liebenswert.**

4. Setze Grenzen – und sage öfter „Nein"

Selbstfürsorge bedeutet auch, dich vor Dingen zu schützen, die dir nicht guttun. Dazu gehört, **Nein zu sagen** – zu toxischen Menschen, übermäßigen Verpflichtungen und Situationen, die dich auslaugen.

💡 **Übung:**

Falls du oft „Ja" sagst, obwohl du „Nein" meinst, dann probiere diesen Satz:

📌 *„Danke, dass du mich fragst – aber das passt für mich gerade nicht."*

Oder noch kürzer:

📌 *„Nein, das geht für mich nicht."*

Du musst dich nicht rechtfertigen. Dein Wohlbefinden ist Grund genug.

---

5. Schreibe dir täglich auf, was du an dir magst

Viele Overthinker sehen nur ihre Schwächen – doch dein Gehirn braucht bewusst positive Erinnerungen an das, was dich ausmacht.

💡 **Übung:**

Schreibe jeden Abend **3 Dinge auf, die du an dir magst oder gut gemacht hast.**

📌 *„Ich habe heute einem Kollegen geholfen – das zeigt meine Freundlichkeit."*

📌 *„Ich habe mich getraut, meine Meinung zu sagen."*

📌 *„Ich bin ein guter Zuhörer für meine Freunde."*

Diese kleine Gewohnheit stärkt dein Selbstwertgefühl nachhaltig.

Fazit: Selbstfürsorge ist kein Luxus – sie ist notwendig

✓ **Selbstkritik macht dich nicht besser – Selbstfürsorge macht dich stärker.**

✓ **Du bist auch ohne Leistung und Perfektion wertvoll.**

✓ **Selbstfürsorge bedeutet, gut mit sich selbst umzugehen – jeden Tag.**

4.3 Meditation und Achtsamkeit ganz konkret (Einfache, wirksame Anleitungen – ohne Esoterik, klar strukturiert)

Meditation und Achtsamkeit sind Begriffe, die viele Overthinker schon einmal gehört haben – doch oft gibt es Vorurteile dagegen. Vielleicht denkst du:

- *„Ich kann nicht meditieren, weil mein Kopf nie still ist."*

- *„Meditation ist nichts für mich, ich brauche etwas Aktives."*

- *„Achtsamkeit klingt nett, aber ich habe keine Zeit für sowas."*

Doch hier kommt die Überraschung: **Meditation und Achtsamkeit sind gerade für Overthinker extrem hilfreich – weil sie dir genau das geben, was du suchst: Kontrolle über deine Gedanken.**

Du musst nicht „esoterisch" sein oder täglich eine Stunde im Schneidersitz verbringen. Meditation bedeutet schlicht: **Dein Gehirn bewusst zu beruhigen – und aus dem Overthinking-Modus auszusteigen.**

Warum Meditation wissenschaftlich nachweisbar hilft

Meditation ist keine Modeerscheinung – sie wird seit Jahrzehnten wissenschaftlich erforscht. Studien zeigen:

📌 **Meditation reduziert die Aktivität im „Default Mode Network" (DMN) des Gehirns.**
Das DMN ist der Teil des Gehirns, der für **ständiges Nachdenken, Grübeln und Selbstzweifel** verantwortlich ist. Wenn du meditierst, wird dieses Netzwerk **ruhiger** – das bedeutet weniger Overthinking.

📌 **Meditation verändert langfristig die Struktur des Gehirns.**
Forscher haben herausgefunden, dass regelmäßige Meditation das **Areal im Gehirn stärkt, das für Konzentration, Emotionskontrolle und Gelassenheit zuständig ist**. Gleichzeitig wird das Zentrum für Angst und Stressreaktionen **geschwächt**.

📌 **Achtsamkeit reduziert Stresshormone.**
Schon **5 Minuten bewusste Atmung** können die Ausschüttung von Cortisol (dem Stresshormon) senken. Das bedeutet weniger Anspannung und weniger unruhige Gedanken.

💡 **Kurz gesagt:**
Meditation ist kein „Hokus-Pokus" – sie ist ein **hocheffektives Training für dein Gehirn**, um Overthinking zu verringern.

Warum Meditation besonders für Overthinker geeignet ist

Viele Menschen glauben, Meditation bedeutet, **gar keine Gedanken mehr zu haben**. Das ist ein Irrtum!

> 💡 **Meditation bedeutet nicht, dass du keine Gedanken hast – sondern dass du lernst, sie nicht mehr zu kontrollieren.**

Für Overthinker ist das eine **bahnbrechende Erkenntnis**. Denn das größte Problem ist nicht, dass du denkst – sondern dass du dich in deinen Gedanken **verlierst**.

✓ Meditation gibt dir die Fähigkeit, Gedanken **kommen und gehen zu lassen, ohne dass sie dich mitreißen.**

✓ Du lernst, dass ein Gedanke nur ein Gedanke ist – nicht die Wahrheit.

✓ Du entwickelst eine neue innere Ruhe, die dir hilft, Entscheidungen leichter zu treffen und dich weniger von negativen Gedanken beeinflussen zu lassen.

Wie du als Overthinker mit Meditation beginnst (ohne Frust)

Falls du es schon einmal probiert hast und dachtest: *„Das funktioniert nicht für mich, mein Kopf ist zu laut"*, dann hast du wahrscheinlich **die falsche Herangehensweise gewählt**.

Hier sind die besten Einstiegswege für Overthinker:

1. Die „1-Minute-Stille"-Methode – Perfekt für Anfänger

(Wenn du sagst „Ich habe keine Zeit für Meditation")

💡 **So geht's:**

1 Setze dich bequem hin und schließe die Augen.

2 Atme tief ein und aus – aber **ohne Zwang**.

3 Beobachte deinen Atem, ohne ihn zu verändern.

4 Falls Gedanken kommen (und das werden sie!), sage innerlich: *„Okay, ich lasse sie da sein."*

5 Nach 1 Minute öffnest du die Augen und gehst weiter in den Tag.

Warum funktioniert das?

- **Kein Druck, keine Erwartungen – nur 1 Minute Stille.**

- Du trainierst dein Gehirn darauf, **Gedanken zu beobachten, statt ihnen zu folgen.**

---

2. Die „Gedanken-Wolken"-Technik – Lerne, Gedanken loszulassen

(Wenn du merkst, dass du dich in Grübelschleifen verlierst)

💡 **So geht's:**

1 Stell dir vor, deine Gedanken sind Wolken am Himmel.

2 Jede Wolke zieht vorbei – genauso wie deine Gedanken.

3 Sobald ein neuer Gedanke kommt, sag dir: *„Da ist ein neuer Gedanke – ich lasse ihn weiterziehen."*

4 Konzentriere dich auf den „blauen Himmel" dahinter – das ist dein ruhiger Geist.

Warum funktioniert das?

- Dein Gehirn lernt, **dass Gedanken vorübergehend sind – sie müssen nicht analysiert werden.**

- Du bekommst eine **emotionale Distanz zu deinen Gedanken**, statt dich von ihnen einnehmen zu lassen.

---

3. Die „Anker-Atem"-Technik – Wenn dein Kopf gar nicht still sein will

(Wenn du merkst, dass dein Geist sofort abschweift und nicht „still" sein kann)

💡 **So geht's:**

1 Setze dich hin und lege deine Hand auf deinen Bauch.
2 Atme langsam ein und spüre, wie sich dein Bauch hebt.
3 Atme langsam aus und spüre, wie sich dein Bauch senkt.
4 Falls Gedanken kommen, sag dir: *„Ich komme zurück zu meinem Atem."*

Warum funktioniert das?

- Dein Atem wird zum „Anker", der dich ins **Hier und Jetzt** zurückholt.

- Je öfter du das übst, desto schneller kannst du dich aus Overthinking lösen.

Wie du Achtsamkeit im Alltag leben kannst (ohne extra Zeitaufwand)

Falls du denkst, du musst „zusätzliche Zeit" für Achtsamkeit einplanen, dann gibt es gute Nachrichten: **Du kannst es einfach in deinen Alltag einbauen.**

Praktische Achtsamkeitsübungen, die nur 10 Sekunden dauern:

📌 **Beim Zähneputzen:** Spüre bewusst die Bewegung der Bürste – statt über den Tag nachzudenken.

📌 **Beim Essen:** Iss eine Mahlzeit ohne Handy oder Ablenkung. Spüre bewusst den Geschmack.

📌 **Beim Warten (Supermarkt, Ampel):** Beobachte für einen Moment deine ⬚mgebung, ohne direkt ins Handy zu schauen.

📌 **Beim Gehen:** Konzentriere dich auf deine Schritte, statt in Gedanken zu sein.

Diese **kleinen Momente der Achtsamkeit** sind unglaublich wirkungsvoll – weil sie dir beibringen, **deinen Kopf bewusst zu steuern, anstatt ihm ausgeliefert zu sein.**

Fazit: Meditation ist kein Zaubertrick – sondern ein Muskel, den du trainieren kannst

✓ Meditation reduziert Overthinking nachweislich – durch Veränderungen im Gehirn.

✓ Es geht nicht darum, keine Gedanken zu haben – sondern zu lernen, sie loszulassen.

✓ Du brauchst keine langen Sitzungen – schon 1–5 Minuten täglich machen einen Unterschied.

✓ Achtsamkeit lässt sich mühelos in den Alltag integrieren.

Challenge für dich:

📌 Probiere eine der Meditationstechniken für 3 Tage aus – ohne Druck. Beobachte, wie du dich fühlst!

Kapitel 5: Dein Overthinking als Stärke – Lebe endlich leichter (Kreativität, Empathie und Tief‐gang erkennen und schätzen)

Bis hierhin hast du gelernt, wie du Overthinking bewusst steuerst, Grübelattacken stoppst und deine innere Balance findest. Doch jetzt kommt ein entscheidender Perspektivwechsel: **Overthinking ist nicht nur eine Last – es kann auch eine enorme Stärke sein.**

Viele Menschen, die als Overthinker gelten, haben eine außergewöhnliche Fähigkeit zu **analytischem Denken, tiefer Reflexion und starkem Mitgefühl.** Sie nehmen Feinheiten wahr, die andere übersehen, und haben oft eine kreative oder visionäre Denkweise.

Die Frage ist also nicht, wie du Overthinking loswirst – sondern wie du es so einsetzt, dass es dir hilft, statt dich auszubremsen.

Warum Overthinker oft besonders talentierte Menschen sind:

Menschen, die intensiv nachdenken, haben oft folgende Eigenschaften:

✓ **Starke Vorstellungskraft:** Sie denken in komplexen Zusammenhängen und sehen Dinge, die andere nicht bemerken.

✓ **Tiefe emotionale Intelligenz:** Sie sind sensibel für Stimmungen, Nuancen und verborgene Botschaften.

✓ **Kreativität und Problemlösungsfähigkeit:** Sie können innovative Lösungen entwickeln, weil sie nicht nur oberflächlich denken.

✓ **Ein ausgeprägtes Gerechtigkeitsempfinden:** Sie

hinterfragen Dinge und suchen nach Sinn und Wahrheit.

✓ **Detailgenauigkeit:** Sie übersehen nichts und denken weit über den ersten Impuls hinaus.

Das Problem ist nicht das viele Denken – sondern **die Richtung, in die du es lenkst.**

💡 **Dein Kopf ist ein Hochleistungsmotor – du musst nur lernen, ihn gezielt einzusetzen.**

Wie du dein Overthinking in eine Superkraft verwandelst

Statt Overthinking als Schwäche zu sehen, kannst du es in eine **kraftvolle Fähigkeit** verwandeln. Hier sind Wege, wie du das schaffen kannst:

---

1. Nutze deine Gedankentiefe für Kreativität statt für Angst

Viele Overthinker haben eine **lebendige Fantasie** – doch statt sie für Angst und Sorgen zu nutzen, kannst du sie in Kreativität umwandeln.

💡 **Übung:**

- Wenn du dich dabei ertappst, über etwas zu grübeln, frage dich:
  „Wie könnte ich diese Energie nutzen, um etwas Schönes oder Neues zu erschaffen?"

- Schreibe eine Geschichte, male ein Bild oder entwickle eine kreative Idee.

📌 **Beispiel:**

Statt über eine „Was wäre, wenn...?"-Situation aus der Vergangenheit nachzudenken, könntest du sie nutzen, um **ein Buch, einen Blog oder eine spannende Geschichte daraus zu machen.**

✓ **Du denkst sowieso intensiv – warum also nicht etwas daraus erschaffen?**

---

2. Verwandle Overthinking in strategisches Denken

Anstatt endlos über Dinge zu grübeln, die du nicht kontrollieren kannst, nutze deine Fähigkeit zum **analytischen Denken**, um sinnvolle Lösungen zu entwickeln.

💡 **Frage dich:**

📌 *„Bringt mich dieses Nachdenken gerade näher an eine Lösung – oder nur zu mehr Stress?"*

→ Falls es zu Stress führt: **Stoppen und umleiten.**

→ Falls es sinnvoll ist: **Strukturiere deine Gedanken und entwickle eine konkrete Strategie.**

Tipp:

Statt „Was wäre, wenn...?"-Gedanken in Angst zu verwandeln, nutze sie, um **kluge Zukunftspläne zu machen.**

✓ **Overthinker sind oft hervorragende Planer und Visionäre – wenn sie lernen, ihren Fokus richtig zu setzen.**

3. Deine Empathie ist eine Superkraft – setze sie bewusst ein

Viele Overthinker haben ein starkes Einfühlungsvermögen. Sie spüren, was andere fühlen, erkennen unausgesprochene Signale und sind oft sehr soziale Menschen.

Doch statt dich von den Emotionen anderer überwältigen zu lassen, kannst du deine Empathie gezielt nutzen.

💡 **Übung:**

📌 Nutze deine Fähigkeit, dich in andere hineinzuversetzen, um:

→ Bessere Entscheidungen in zwischenmenschlichen Beziehungen zu treffen.

→ Berufe oder Tätigkeiten zu wählen, in denen Empathie wertvoll ist (z. B. Coaching, Kunst, Therapie, soziale Berufe, Leadership).

✓ Statt dich von deinen Gefühlen auslaugen zu lassen, kannst du lernen, sie als wertvolle Ressource zu sehen.

---

4. Verwandle deine Selbstzweifel in reflektierte Selbstentwicklung

Viele Overthinker sind extrem selbstkritisch. Doch die Fähigkeit, sich selbst zu hinterfragen, ist auch eine große Stärke – **wenn du sie richtig nutzt.**

💡 **Übung:**

📌 **Frage dich nicht „Was ist falsch mit mir?" – sondern „Was kann ich aus dieser Situation lernen?"**

✓ **Selbstreflexion ist eine Superkraft – wenn sie nicht destruktiv, sondern wachstumsorientiert genutzt wird.**

5. Entwickle einen „Overthinking-Gold-Filter"

Nicht jedes Gedankenkarussell ist schlecht. Manchmal gibt es wertvolle Einsichten darin – doch oft ist es auch einfach nur sinnloses Grübeln.

💡 **Übung:**

📌 **Erstelle eine Liste mit zwei Spalten:**

Wertvolles Denken	Unnötiges Grübeln
Ideen entwickeln	Vergangene Fehler wiederholen
Lösungen finden	Was andere über mich denken könnten
Zukunftspläne machen	Endlos über „Was wäre, wenn...?" nachdenken

📌 **Frage dich jedes Mal, wenn du nachdenkst:**

→ *„Geht dieser Gedanke durch meinen Gold-Filter – oder ist er nur unnötiges Grübeln?"*

✓ **So trainierst du dein Gehirn, nur noch auf wirklich wertvolle Gedanken zu setzen.**

Fazit: Dein Overthinking ist nicht dein Feind – sondern dein Potenzial

✓ Du kannst tief denken – nutze es für Kreativität und Strategie.

✓ Du bist empathisch – lerne, deine emotionale Intelligenz bewusst einzusetzen.

✓ Du bist reflektiert – verwandle Selbstzweifel in Wachstum.

✓ Nutze einen „Overthinking-Gold-Filter", um nur noch wertvolle Gedanken zu behalten.

Challenge für dich:

📌 **Wähle eine dieser Strategien aus und probiere sie für eine Woche bewusst aus.** Beobachte, wie sich dein Denken verändert!

Kapitel 6 – Dein vollständiger Weg zur mentalen Freiheit

6.1 Die verborgenen Mechanismen des Overthinkings – Wie dein Gehirn dich austrickst

(Neurowissenschaftliche Hintergründe zu Overthinking und warum unser Gehirn manchmal der größte Saboteur ist.)

Hast du dich jemals gefragt, warum dein Gehirn scheinbar **absichtlich gegen dich arbeitet**?

- Warum du dir immer wieder dieselben negativen Gedanken machst?

- Warum dein Verstand vor allem dann „durchdreht", wenn du eigentlich entspannen möchtest?

- Warum Overthinking so schwer zu stoppen ist – selbst wenn du genau weißt, dass es dich nicht weiterbringt?

Die Antwort liegt tief in der **Struktur deines Gehirns und seinen evolutionären Mechanismen**. Dieses Kapitel zeigt dir, warum dein Gehirn dich manchmal „austrickst" – und wie du es bewusst in die richtige Richtung lenken kannst.

---

1. Warum unser Gehirn sich an negative Gedanken klammert

📌 **Unser Gehirn ist nicht dafür gemacht, uns glücklich zu machen – es ist dafür gemacht, uns am Leben zu erhalten.**

Das bedeutet:

✓ Gefahren und Probleme werden viel intensiver wahrgenommen als positive Dinge.

✓ Das Gehirn analysiert ständig Risiken – selbst wenn keine realen Gefahren da sind.

✓ Negative Erfahrungen bleiben länger im Gedächtnis als positive Erlebnisse.

💡 Neurowissenschaftler nennen das „Negativity Bias" – die Tendenz, Negatives stärker zu verarbeiten als Positives.

🧠 Beispiel:

- 10 Komplimente und 1 Kritik – woran erinnerst du dich?

- Eine perfekte Präsentation, aber ein kleiner Fehler – worauf fokussierst du dich?

👉 Unser Gehirn speichert Negatives, weil es evolutionär überlebenswichtig war.

Unsere Vorfahren mussten sich daran erinnern, wo Gefahren lauerten – nicht, wo es hübsche Blumen gab.

2. Der Zusammenhang zwischen Overthinking und Angststörungen

Overthinking ist oft nicht isoliert – viele Menschen, die exzessiv nachdenken, haben auch **eine erhöhte Sensibilität für Ängste**.

📌 **Warum?**

✓ Die Amygdala („Angstzentrum" des Gehirns) ist bei Overthinkern besonders aktiv.

✓ Das Gehirn bewertet harmlose Dinge oft als Bedrohung.

✓ Menschen mit Overthinking haben ein verstärktes Bedürfnis nach Kontrolle.

💡 **Studien zeigen, dass Overthinking eng mit Angststörungen verknüpft ist, weil beide auf einer übermäßigen Aktivität in den gleichen Gehirnregionen beruhen.**

👉 **Das bedeutet:** Wenn du Overthinking reduzierst, wirst du oft auch insgesamt ruhiger und gelassener.

---

3. Das Belohnungssystem und warum Overthinking süchtig machen kann

Es klingt verrückt, aber: **Manche Menschen können gar nicht aufhören zu grübeln – weil ihr Gehirn es „belohnt".**

📌 **Warum?**

- Das Gehirn liebt Muster und logische Zusammenhänge.

- Overthinking gibt uns das Gefühl, „etwas zu tun" – auch wenn es eigentlich nicht produktiv ist.

- Manche Menschen fühlen sich „sicherer", wenn sie alles durchdacht haben – selbst wenn das Denken ihnen schadet.

💡 **Beispiel:**
Jemand macht sich Sorgen um ein Vorstellungsgespräch. Durch intensives Grübeln hat er das Gefühl, vorbereitet zu sein – aber in Wirklichkeit **führt das Nachdenken nur zu mehr Stress.**

👉 **Das Gehirn verstärkt Overthinking, weil es uns eine falsche Sicherheit gibt.**

Lösung:
📌 **Erkennen, dass Denken nicht immer eine Lösung ist – manchmal ist „Nichtdenken" der bessere Weg.**

---

4. Warum unser Gehirn Multitasking liebt – und Overthinking fördert

📌 **Unser Gehirn ist süchtig nach Input.**

✓ Nachrichten, Social Media, Gespräche – das Gehirn will ständig beschäftigt sein.
✓ Wer viel nachdenkt, gibt dem Gehirn „Futter" – auch wenn es nicht nützlich ist.
✓ Multitasking (z. B. nebenbei scrollen oder mehrere Dinge gleichzeitig machen) hält das Gehirn im Dauerstress.

💡 **Beispiel:**
Wenn du ständig zwischen Gedanken, Apps, Nachrichten

und To-do-Listen springst, trainierst du dein Gehirn darauf, nie mehr zur Ruhe zu kommen.

👉 **Die Lösung:**
📌 **Lerne, bewusst „Gedankenpausen" einzubauen – sonst wird dein Gehirn Overthinking nie ablegen.**

---

5. Evolutionäre Psychologie: Warum Overthinking früher ein Überlebensvorteil war

📌 **Overthinking ist kein Fehler – es war früher sogar ein evolutionärer Vorteil.**

- Vor Tausenden von Jahren war es wichtig, **Gefahren frühzeitig zu erkennen und jedes Risiko abzuwägen.**

- Menschen, die intensiv nachdachten, hatten oft **die besseren Überlebenschancen.**

- In unserer modernen Welt gibt es jedoch keine Säbelzahntiger mehr – aber unser Gehirn **arbeitet immer noch nach dem alten Muster.**

💡 **Das bedeutet:**
📌 **Dein Overthinking ist ein Überbleibsel aus der Vergangenheit – aber heute brauchst du es nicht mehr in dieser Intensität.**

👉 **Die Herausforderung besteht darin, dein Gehirn auf „moderne Sicherheit" umzuprogrammieren.**

Fazit: Dein Gehirn meint es gut mit dir – aber es ist nicht immer dein Freund

✓ Negatives bleibt länger im Gedächtnis, weil unser Gehirn auf Gefahrenerkennung ausgelegt ist.

✓ Overthinking kann mit Angststörungen zusammenhängen – weil beide die gleichen Gehirnareale aktivieren.

✓ Das Gehirn „belohnt" Overthinking – auch wenn es eigentlich schädlich ist.

✓ Multitasking und ständiger Input halten das Gehirn in Overthinking-Schleifen gefangen.

✓ Früher war Overthinking überlebenswichtig – heute müssen wir lernen, es bewusst zu reduzieren.

Challenge für dich:

📌 Beobachte eine Woche lang bewusst, wann dein Gehirn in Overthinking-Modus geht – und frage dich: „Ist das wirklich nützlich oder nur ein Reflex?"

6.2 Mentale Überforderung – Wie du dein Gehirn entlastest

(Strategien gegen Reizüberflutung und Informationsflut im digitalen Zeitalter)

Overthinking ist nicht nur ein individuelles Problem – es ist auch eine Reaktion auf eine Welt, die uns mit **ständig neuen Informationen, Meinungen und Reizen** überschüttet.
Unser Gehirn ist **nicht dafür gemacht**, dauerhaft vernetzt zu sein, ununterbrochen Benachrichtigungen zu erhalten und jeden Tag Tausende von Entscheidungen zu treffen. Doch genau das passiert in unserer modernen Welt – und es kann dazu führen, dass unser Denken in einen **Dauerstressmodus** gerät.

Dieses Kapitel zeigt dir, warum Overthinker besonders anfällig für mentale Überforderung sind – und wie du dein Gehirn **bewusst entlasten kannst**, um klarer und ruhiger zu denken.

Warum Overthinker besonders empfindlich auf Reizüberflutung reagieren

Viele Overthinker sind **hochsensibel für Informationen, Eindrücke und Details**. Das bedeutet:

✓ Sie nehmen mehr Informationen auf als andere.

✓ Sie verarbeiten diese Informationen intensiver.

✓ Sie haben oft eine lebendige Fantasie, die zusätzliche Szenarien kreiert.

Das kann eine Stärke sein – aber auch zu einer **mentalen Überlastung** führen. Denn während andere Menschen unbewusst ausfiltern, was wichtig ist, verarbeiten Overthinker oft **alles gleichzeitig**.

Beispiel:
- Ein einfacher Satz in einer E-Mail kann dich tagelang beschäftigen.
- Ein Nachrichtenartikel über ein Problem in der Welt kann dich tief beunruhigen.
- Ein Kommentar in einem Gespräch kann dich stundenlang über die Absichten dahinter nachdenken lassen.

Das ist kein Zeichen von Schwäche – sondern ein Hinweis darauf, dass dein Gehirn eine **Pause** braucht.

💡 **Die Wahrheit ist:**

Dein Kopf ist nicht für dauerhafte Informationsfluten gemacht – du darfst ihn bewusst entlasten.

Wie Reizüberflutung unser Gehirn überlastet – Warum wir immer mehr Informationen verarbeiten müssen

Unsere Welt verändert sich – und mit ihr die Menge an Informationen, die unser Gehirn täglich bewältigen muss. Während wir 1980 noch hauptsächlich Bücher, Zeitungen und Gespräche als Informationsquelle hatten, sind wir heute von einer **ununterbrochenen Reizflut** umgeben.

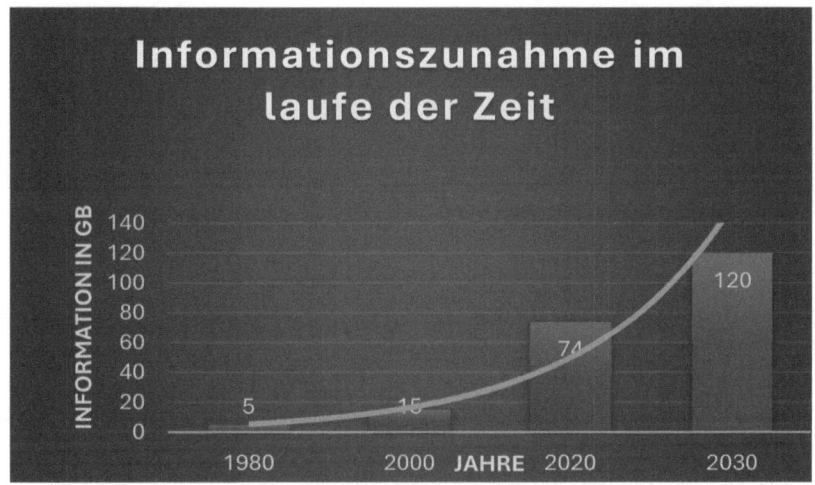

Informationszunahme im laufe der Zeit

(INFORMATION IN GB / JAHRE)

1980: 5
2000: 15
2020: 74
2030: 120

Das Diagramm zeigt eindrucksvoll: Die tägliche Daten-menge, die unser Gehirn verarbeitet, hat sich in den letzten Jahrzehnten **explosionsartig vervielfacht**. Während es im Jahr 1980 noch etwa 5 GB pro Tag waren, sind es heute bereits über 74 GB – und die Tendenz steigt weiter.

Was bedeutet das für uns?

- nser Gehirn ist nicht darauf ausgelegt, so viele Reize gleichzeitig zu verarbeiten.

- Permanente Ablenkung führt zu mentaler Erschöpfung, Konzentrationsproblemen und einer **verstärkten Neigung zu Overthinking**.

- Experten warnen: **Wenn wir keinen bewussten Umgang mit Informationen lernen, riskieren wir eine chronische Überlastung des Nervensystems.**

☑ **Wie kannst du dein Gehirn schützen?**

- **Informationspausen einlegen** (z. B. Social Media-freie Zeiten)

- **Bewusst entscheiden, welche Informationen du konsumierst**

- **Achtsamkeit und Fokustraining praktizieren**, um mentale Klarheit zu bewahren

---

Fazit: Unser Gehirn braucht gezielte Erholung von der Reizüberflutung. Nur so können wir unsere Konzentration, innere Ruhe und mentale Gesundheit bewahren.

Wie du dein Gehirn entlastest und Overthinking reduzierst

Hier sind **praktische Strategien**, um mentale Überforderung zu vermeiden und dein Gehirn wieder zur Ruhe zu bringen.

1. Die „Mentale Fastenkur" – Bewusst weniger konsumieren

Wir sind daran gewöhnt, **ständig konsumieren zu müssen**: Nachrichten, Social Media, Podcasts, Nachrichten-Apps, Diskussionen, Meinungen. Doch unser Gehirn braucht **Momente der Stille**, um sich zu regenerieren.

💡 **Übung:**

→ Reduziere für **eine Woche** bewusst den Informationsinput:

📌 **Keine Nachrichten nach 18 Uhr.**

📌 **Kein Social Media direkt nach dem Aufwachen oder vor dem Schlafengehen.**

📌 **Bewusste Pausen von digitalen Medien – setze feste „Offline-Zeiten" im Alltag.**

Warum funktioniert das?

- Dein Gehirn bekommt Zeit, Informationen zu verarbeiten, anstatt ständig neue zu sammeln.
- Du lernst, nicht auf jeden Reiz sofort reagieren zu müssen.
- Du wirst merken, dass viele Informationen **gar nicht so wichtig sind, wie sie zunächst scheinen.**

✓ Schon nach ein paar Tagen wirst du merken, dass dein Kopf **ruhiger** wird.

2. Die „Mentale Prioritäten-Liste" – Nicht jede Information ist gleich wichtig

Viele Overthinker haben das Gefühl, sie müssten **alles wissen, alles verstehen, alles durchdenken.** Doch die Realität ist: **Nicht jede Information ist gleich wichtig.**

💡 **Übung:**

Wenn du merkst, dass dein Kopf überladen ist, stelle dir folgende Fragen:

📌 **Ist diese Information wirklich wichtig für mein Leben?**

📌 **Muss ich mich jetzt sofort damit beschäftigen – oder kann ich es später tun?**

📌 **Bringt mich dieser Gedanke weiter – oder hält er mich nur beschäftigt?**

Falls eine Information **keine Relevanz für dein Leben hat – lass sie los.**

✓ So lernst du, **gezielt zu entscheiden, welche Gedanken und Infos es wert sind, verarbeitet zu werden.**

---

3. Vermeide das „Gedankenspringen" – Konzentriere dich auf eine Sache zur Zeit

Ein großes Problem unserer Zeit ist das **ständige Springen zwischen Aufgaben und Gedanken.**

📌 Während du eine E-Mail schreibst, checkst du Nachrichten.

📌 Während du isst, scrollst du durch Social Media.

📌 Während du arbeitest, denkst du schon an die nächste Aufgabe.

Doch genau dieses Verhalten überlastet dein Gehirn – denn es kann sich **nicht wirklich auf eine Sache konzentrieren.**

💡 **Neue Regel für den Alltag:**

→ Tue **immer nur eine Sache zur Zeit.**

→ **Kein Multitasking – kein paralleles Springen zwischen digitalen Inhalten.**

→ **Bewusst bei einer Aufgabe bleiben – und erst danach die nächste beginnen.**

Warum funktioniert das?

- Dein Gehirn kann sich entspannen, weil es nicht ständig zwischen verschiedenen Dingen wechseln muss.

- Du wirst produktiver, weil du **fokussierter arbeitest.**

- Dein Overthinking wird reduziert, weil du weniger offene „Gedankenschleifen" im Kopf hast.

✓ Je weniger du zwischen Gedanken springst, desto klarer wird dein Denken.

4. Setze bewusste „Gedankenpausen" in deinem Tag

Viele Overthinker sind **den ganzen Tag im Kopf aktiv** – ohne eine einzige Pause für den Verstand. Doch unser Gehirn braucht genau diese Pausen, um **Informationen zu verarbeiten und Stress abzubauen.**

💡 **Übung:**

📌 Setze dir **3x am Tag eine bewusste Denkpause** von **5–10 Minuten**, in denen du nichts „Sinnvolles" tust.

→ Einfach **in die Natur schauen, ohne Handy oder Ablenkung.**

→ Musik hören, ohne dabei etwas anderes zu tun.

→ Kurz meditieren oder tief durchatmen.

Warum funktioniert das?

- Dein Gehirn lernt, **in den Ruhemodus zu gehen.**

- Weniger Stress = weniger Overthinking.

- Mehr Klarheit und weniger mentale Überforderung.

✓ Diese kleinen Pausen haben eine große Wirkung – probiere es aus!

Fazit: Dein Gehirn ist keine Endlos-Festplatte – gönn ihm Pausen!

✓ Overthinking wird oft durch zu viele Informationen und Reize verstärkt.

✓ Du kannst dein Gehirn entlasten, indem du bewusst weniger konsumierst.

✓ Je weniger Multitasking, desto ruhiger wird dein Denken.

✓ Mentale Pausen helfen dir, klarer und stressfreier zu sein.

Challenge für dich:

📌 Reduziere für eine Woche bewusst deine Informationsflut und achte darauf, wie sich dein Denken verändert.

6.3 Die Kraft der Selbstgespräche – Wie du mit dir selbst sprichst, verändert dein Leben

(Die Wissenschaft hinter innerer Kommunikation und warum sie dein Denken steuert)

Hast du schon einmal bemerkt, **wie du mit dir selbst sprichst**?

Viele Overthinker haben eine **sehr kritische innere Stimme**, die ständig analysiert, bewertet und oft **nicht gerade freundlich ist.** Doch was, wenn ich dir sage, dass diese innere Stimme nicht einfach nur eine Begleiterscheinung deines Denkens ist – sondern tatsächlich **deine Realität beeinflusst**?

Dein Gehirn glaubt nämlich das, was du ihm immer wieder sagst. **Deine Selbstgespräche formen deine Identität, deine Emotionen und sogar deine Handlungen.**

Dieses Kapitel zeigt dir, wie du deine innere Stimme so verändern kannst, dass sie dich **nicht mehr blockiert, sondern stärkt.**

Warum dein Gehirn auf deine Selbstgespräche reagiert

Dein Verstand nimmt keinen ☐nterschied wahr zwischen **äußerer Realität und innerem Dialog**. Wenn du dir also immer wieder sagst:

📌 *„Ich bin nicht gut genug."*

📌 *„Ich schaffe das sowieso nicht."*

📌 *„Ich bin zu sensibel, ich denke zu viel."*

...dann wird dein Gehirn diese Überzeugungen **verstärken**.

Das bedeutet:

✓ **Deine Selbstgespräche beeinflussen deine Emotionen.**

✓ **Sie steuern deine Entscheidungen und dein Verhalten.**

✓ **Sie formen dein Selbstbild – und wie du dich in der Welt bewegst.**

💡 **Die gute Nachricht:**

Genauso wie negative Selbstgespräche dich blockieren können, können **positive Selbstgespräche dich aufbauen und stärken.**

Die drei Arten von inneren Gesprächen – und welche dich blockieren

Jeder Mensch hat innere Selbstgespräche – doch nicht alle sind hilfreich. Es gibt **drei Haupttypen von Selbstgesprächen**, die du wahrscheinlich kennst:

1. Der innere Kritiker – „Du bist nicht gut genug."

Diese Stimme sucht ständig nach Fehlern, kritisiert dich für jede Kleinigkeit und lässt dich an dir zweifeln.

✗ Beispiel: *„Das war nicht gut genug. Andere hätten das viel besser gemacht."*

✗ Beispiel: *„Du hast dich blamiert – das war so peinlich!"*

Negative vs. Positive Selbstgespräche - wie sie dein Gehirn beeinflussen

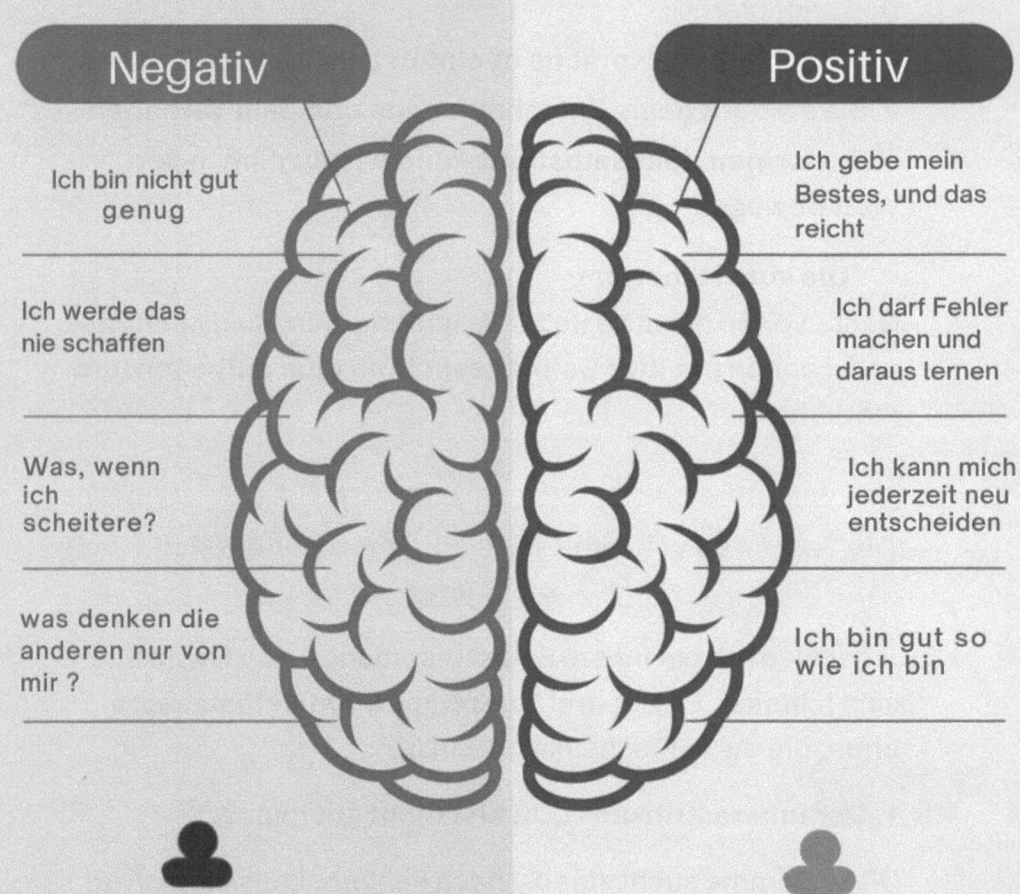

Negativ

Ich bin nicht gut genug

Ich werde das nie schaffen

Was, wenn ich scheitere?

was denken die anderen nur von mir ?

Positiv

Ich gebe mein Bestes, und das reicht

Ich darf Fehler machen und daraus lernen

Ich kann mich jederzeit neu entscheiden

Ich bin gut so wie ich bin

Effekt auf das Gehirn:
- Aktiviert die Amygdala → Mehr Stresshormone
- Verstärkt Selbstzweifel und Angst
- Erhöht die Tendenz zu Overthinking

Effekt auf das Gehirn:
- Aktiviert den präfrontalen Kortex → Klareres Denken
- Reduziert Stress und steigert Resilienz
- Erhöht Selbstvertrauen und innere Ruhe

3. Der unterstützende innere Freund – „Du bist auf dem richtigen Weg."

Diese Stimme gibt dir Vertrauen, erinnert dich an deine Stärken und hilft dir, nach Rückschlägen weiterzumachen.

☑ Beispiel: *„Ich habe mein Bestes gegeben, und das ist genug."*

☑ Beispiel: *„Ich darf Fehler machen, ich wachse daran."*

📌 **Warum ist das hilfreich?**

- Es stärkt dein Selbstbewusstsein.

- Es hilft dir, gelassener mit Herausforderungen umzugehen.

💡 **Ziel: Den inneren Freund bewusst stärken – und den Kritiker schwächen.**

Wie du negative Selbstgespräche erkennst und umwandelst

Viele Overthinker merken nicht einmal, **wie negativ sie mit sich selbst sprechen** – es ist einfach ein Muster, das sich über Jahre entwickelt hat. Doch du kannst dieses Muster **bewusst verändern.**

💡 **Übung:**

➡ **Beobachte für einen Tag deine Selbstgespräche.**

Schreibe auf, wann du dich selbst kritisierst oder negativ über dich denkst.

Beispiel:

✖ *„Ich habe heute wieder nichts geschafft."*

➞ **Neue Version:**

☑ *„Ich habe einiges geschafft, auch wenn es nicht perfekt war – und das ist in Ordnung."*

✖ *„Ich bin einfach nicht gut in sozialen Situationen."*

➞ **Neue Version:**

☑ *„Ich bin einfühlsam und nehme mir Zeit, mich wohlzu-fühlen – das ist eine Stärke."*

✓ Das Ziel ist nicht, dich selbst anzulügen – sondern eine realistische, wertschätzende Perspektive zu entwickeln.

Die Wissenschaft hinter positiven Selbstgesprächen

Studien zeigen, dass **Menschen, die positiv mit sich selbst sprechen, weniger Stress haben, mutiger handeln und emotional widerstandsfähiger sind.**

📌 **Ein spannender wissenschaftlicher Trick:**

➞ Sprich mit dir selbst in der **dritten Person**!

💡 **Warum?**

- ☐ntersuchungen zeigen, dass es hilft, **emotionale Distanz zu negativen Gedanken zu schaffen.**

- Wenn du sagst: *„Ich werde das schaffen.",* fühlt es sich oft unsicher an.

- Wenn du aber sagst: „*[Dein Name] wird das schaffen.*", wirkt es motivierender und beruhigender.

☑ Beispiel: Statt „Ich bin so nervös" → „*[Dein Name] hat das schon oft gemeistert – es wird gut laufen.*"

✓ Dieser kleine Trick kann dein Gehirn **neu programmieren** und Overthinking reduzieren.

Fazit: Du bist nicht deine Gedanken – du bist die Stimme, die entscheidet, was zählt.

✓ Deine Selbstgespräche beeinflussen, wie du dich fühlst und handelst.

✓ Der innere Kritiker kann überwunden werden – indem du bewusste, unterstützende Gedanken entwickelst.

✓ Sich selbst mit Mitgefühl und Unterstützung begegnen ist keine Schwäche – sondern eine der stärksten Fähigkeiten, die du entwickeln kannst.

Challenge für dich:

📌 **Achte eine Woche lang bewusst auf deine Selbstgespräche – und formuliere negative Gedanken in unterstützende Sätze um.**

6.4 Zwischenmenschliche Energie – Wie andere Menschen dein Denken beeinflussen (und umgekehrt)

(Lerne, dich von negativen Einflüssen zu schützen und positive Beziehungen zu fördern)

Overthinking entsteht nicht nur in deinem eigenen Kopf – oft wird es **durch die Menschen um dich herum verstärkt oder gelindert**.

Vielleicht kennst du das:

- Nach einem Gespräch fühlst du dich erschöpft, als hätte es dich emotional ausgelaugt.

- Eine kleine Bemerkung von jemandem verfolgt dich den ganzen Tag.

- Bestimmte Menschen lösen in dir sofort Selbstzweifel oder Grübelattacken aus.

Unsere Gedankenwelt wird stark von den Energien und Stimmungen unserer Mitmenschen geprägt – und deshalb ist es so wichtig, **bewusst zu wählen, mit wem du dich umgibst und wie du dich abgrenzt**.

Dieses Kapitel hilft dir, zu erkennen, **welche Menschen dein Overthinking verstärken, wie du dich schützt und wie du bewusst stärkende, positive Beziehungen aufbaust.**

Warum wir die Energie anderer aufnehmen – und wie das Overthinking verstärkt

⬚ nser Gehirn ist auf **soziale Verbundenheit** ausgelegt. Das bedeutet, dass wir:

✓ Die Emotionen anderer Menschen unbewusst spiegeln.

✓ Oft mehr auf die Erwartungen anderer hören als auf unsere eigenen Bedürfnisse.

✓ Negative Bemerkungen stärker im Gedächtnis behalten als positive.

Für Overthinker ist das besonders herausfordernd, weil sie:

📌 **Sensibler für Stimmungen sind.**

📌 **Sich stärker von Kritik beeinflussen lassen.**

📌 **Oft grübeln, was andere „wirklich" gemeint haben.**

💡 **Das Problem:**
Wenn du dich ständig mit negativen oder energieraubenden Menschen umgibst, kann das dein Gedankenkarussell enorm verstärken.

Welche Menschen verstärken Overthinking – und wie du dich schützt

Nicht alle Menschen sind gut für deine mentale Gesundheit. Manche Menschen hinterlassen dich **erschöpft, gestresst oder voller Zweifel.**

Hier sind die häufigsten Typen von Menschen, die Overthinking verstärken können:

1. Die „Dauer-Kritiker" – Menschen, die immer etwas auszusetzen haben

Diese Menschen hinterfragen, bewerten und kritisieren alles – und oft bist du ihr Ziel.

📌 **Typische Sätze:**

- *„Bist du sicher, dass das eine gute Idee ist?"*

- *„Ich hätte das anders gemacht, aber na ja..."*

- *„Du solltest mal weniger nachdenken!"*

💡 **Wie du dich schützt:**

✓ Erkenne: **Nicht jede Kritik ist wertvoll.**

✓ Frage dich: *„Kommt diese Kritik von jemandem, dessen Meinung für mein Leben wirklich wichtig ist?"*

✓ Setze Grenzen – du musst nicht auf alles eingehen!

---

2. Die „Emotionalen Energievampire" – Menschen, die dich auslaugen

Diese Menschen ziehen dich in ihre negativen Geschichten hinein, erwarten, dass du ihre Probleme löst, und hinterlassen dich müde.

📌 **Typische Merkmale:**

- Sie sprechen hauptsächlich über ihre eigenen Probleme.

- Sie erwarten, dass du immer für sie da bist, hören aber selten zu.

- Nach Gesprächen mit ihnen fühlst du dich erschöpft.

💡 **Wie du dich schützt:**

✓ Begrenze die Zeit mit diesen Menschen.

✓ Lerne, freundlich „Nein" zu sagen, wenn du dich nicht emotional belasten willst.

✓ **Frage dich nach jedem Treffen:** *„Fühle ich mich danach besser oder schlechter?"*

---

3. Die „Perfektionisten" – Menschen, die ständig hohe Erwartungen setzen

Diese Menschen erwecken den Eindruck, als wäre **nichts gut genug** – weder sie selbst noch andere.

📌 **Typische Sätze:**

- *„Du könntest das noch besser machen."*

- *„Warum hast du nicht...?"*

- *„Ich verstehe nicht, warum du dich damit zufriedengibst."*

💡 **Wie du dich schützt:**

✓ Erkenne, dass du nicht für ihre Erwartungen verantwortlich bist.

✓ **Sage dir bewusst:** *„Ich bin genug – auch wenn andere es anders sehen."*

✓ Vermeide Vergleiche – du lebst dein eigenes Leben.

Wie du stärkende, positive Beziehungen aufbaust

Nicht jeder Mensch ist ein Energieräuber! Es gibt auch Menschen, die dich **ermutigen, unterstützen und dir helfen, Overthinking zu reduzieren.**

💡 **Achte darauf, dich mit Menschen zu umgeben, die:**

☑ Dich akzeptieren, ohne dich zu bewerten.

☑ Dir das Gefühl geben, **dass du gut bist, so wie du bist.**

☑ Mit dir lachen können – Leichtigkeit hilft gegen Overthinking!

Frage dich:

📌 *„Welche Menschen in meinem Leben lassen mich nach einem Gespräch leichter und glücklicher fühlen?"*

✓ **Gönne dir mehr Zeit mit diesen Menschen.**

Wie du dich emotional abgrenzt – ohne Schuldgefühle

Manchmal kannst du Menschen, die dich auslaugen, nicht komplett aus deinem Leben streichen – aber du kannst lernen, dich **emotional abzugrenzen.**

1. Die „Mentale Schutzschild"-Methode

Wenn du merkst, dass jemand dich negativ beeinflusst, stelle dir vor, dass du **ein Schutzschild um dich hast**.

💡 **Sag dir innerlich:**

📌 *„Diese Energie gehört nicht zu mir. Ich lasse sie nicht in mich hinein."*

✓ So trainierst du dein Gehirn, **nicht jede Emotion aufzunehmen.**

---

2. Setze klare Grenzen – ohne dich zu rechtfertigen

Viele Overthinker haben Schwierigkeiten, Grenzen zu setzen – aus Angst, andere zu verletzen. Doch es ist **kein Egoismus, sondern Selbstschutz.**

💡 **Übung:**

- Falls dich jemand emotional überfordert, sage freundlich:

    📌 *„Ich mag dich, aber ich kann gerade nicht über dieses Thema sprechen."*

    📌 *„Ich brauche gerade Zeit für mich."*

    📌 *„Ich verstehe deine Sorgen, aber ich kann das gerade nicht aufnehmen."*

✓ **Du bist nicht verpflichtet, ständig für andere verfügbar zu sein.**

Fazit: Du darfst selbst entscheiden, welche Menschen dich umgeben

✓ Nicht jeder Mensch verdient einen Platz in deinem Kopf.

✓ Negative Energie kann Overthinking verstärken – du darfst dich schützen.

✓ Umgebe dich mit Menschen, die dir guttun und dich unterstützen.

✓ Setze Grenzen – ohne Schuldgefühle.

Challenge für dich:

📌 Beobachte eine Woche lang, welche Menschen dich stärken – und welche dich auslaugen. Entscheide bewusst, mehr Zeit mit den positiven Menschen zu verbringen!

6.5 Wie du das Gelernte langfristig in deinen Alltag integrierst

(Die Psychologie nachhaltiger Veränderung – damit du nicht in alte Muster zurückfällst)

Viele Menschen lesen Bücher über persönliche Entwicklung, fühlen sich inspiriert – und doch ändert sich langfristig nichts. **Warum ist das so?**

Veränderung ist kein einzelner Moment, sondern ein **kontinuierlicher Prozess**. Dein Gehirn ist darauf programmiert, sich an alte Muster zu halten – und wenn du nicht aktiv an deiner neuen Denkweise arbeitest, wirst du automatisch in alte Overthinking-Gewohnheiten zurückfallen.

Doch genau das **muss nicht passieren**. In diesem Kapitel erfährst du, **wie du das Gelernte wirklich in dein Leben bringst** – ohne Zwang, aber mit Klarheit und Struktur.

Warum Veränderungen oft scheitern – und wie du es diesmal anders machst

📌 **Die größte Lüge der Selbstentwicklung:** *„Wenn ich es einmal verstanden habe, bleibt es automatisch."*

❌ **Realität:** Veränderung braucht aktive Übung – so wie ein Muskel, der trainiert werden muss.

❌ **Problem:** Sobald du gestresst oder abgelenkt bist, neigt dein Gehirn dazu, in alte Gewohnheiten zurückzufallen.

✕ **Lösung:** Du brauchst ein **System**, um dich immer wieder an deine neue Denkweise zu erinnern.

💡 **Gute Nachrichten:**

✓ **Es braucht keine riesigen Anstrengungen – nur kleine, aber konsequente Schritte.**

✓ **Nach 30 Tagen sind neue Gewohnheiten oft schon automatisiert.**

✓ **Jede bewusste Entscheidung zählt – selbst, wenn du manchmal „rückfällst".**

Die „Kleinschritt-Methode": Warum kleine Veränderungen mächtiger sind als große Pläne

Viele Overthinker machen den Fehler, sich zu große Ziele zu setzen:

✕ *„Ab jetzt werde ich nie wieder Overthinking haben."*

✕ *„Ich werde sofort selbstbewusst sein und nie mehr Selbstzweifel haben."*

💡 **Besser: Kleine, realistische Schritte setzen – und diese regelmäßig wiederholen.**

📌 **Beispiel für die Kleinschritt-Methode:**

☑ Statt *„Ich werde nie wieder zu viel nachdenken"* → *„Ich werde mich 1x am Tag bewusst fragen: Ist dieser Gedanke hilfreich?"*

☑ Statt *„Ich werde nie wieder Negativität zulassen"* → *„Ich* *werde mich 1x am Tag bewusst auf einen positiven Gedanken fokussieren."*

✓ **Kleine Veränderungen sind nachhaltig – weil sie dein Gehirn nicht überfordern.**

Wie du dein neues Mindset in den Alltag einbaust – ein konkreter Plan

Hier ist ein **4-Wochen-Plan**, um Overthinking langfristig zu reduzieren und deine neue Denkweise zu festigen:

Woche 1: Bewusstheit schaffen

✦ Jeden Abend 2 Minuten reflektieren: *„Welche Gedanken haben mich heute gestresst – und welche waren hilfreich?"*

Woche 2: Gedanken aktiv steuern

✦ Jedes Mal, wenn du dich in Overthinking verlierst: Stopp-Satz sagen → *„Bringt mich dieser Gedanke weiter?"*

Woche 3: Selbstfürsorge als Routine

✦ Jeden Tag eine **5-Minuten-Pause** einlegen, um einfach „nichts zu tun".

Woche 4: Langfristige Veränderung sichern

✦ Jeden Sonntag einen kurzen Rückblick machen: *„Wie hat sich mein Denken verändert? Wo kann ich noch bewusster sein?"*

✓ **Dieser Plan ist flexibel – aber er gibt dir eine Struktur, die dir hilft, am Ball zu bleiben.**

Die 21-Tage-Regel: Warum Wiederholung dein Gehirn umprogrammiert

Studien zeigen: **Nach 21–30 Tagen werden neue Gewohnheiten zur Routine.**

📌 **Das bedeutet:** Wenn du bewusst 3 Wochen lang neue Denkweisen übst, wird dein Gehirn sie **automatisch übernehmen.**

💡 **Wichtige Erkenntnis:**

✓ Es geht nicht darum, „perfekt" zu sein – sondern **dranzubleiben**, auch wenn du mal „Rückfälle" hast.

✓ **Jeder einzelne Tag, an dem du bewusster mit deinen Gedanken umgehst, verändert dein Gehirn.**

Wie du mit Rückfällen umgehst – ohne dich selbst zu sabotieren

Es wird Tage geben, an denen du wieder in alte Muster fällst. Das ist **normal** – aber **es bedeutet nicht, dass du gescheitert bist.**

💡 **Bedenke:**

📌 Wenn du einmal Fast Food isst, bedeutet das nicht, dass du eine schlechte Ernährung hast.

📌 Genauso bedeutet ein Overthinking-Rückfall nicht, dass du nichts gelernt hast – sondern nur, dass du **menschlich bist.**

📌 **Besser:** Statt dich zu verurteilen, sage dir:

☑ *„Okay, ich bin gerade wieder ins Overthinking gerutscht – aber ich erkenne es und lenke mich um."*

☑ *„Ich darf Fehler machen – Veränderung ist ein Prozess."*

✓ **Geduld mit dir selbst ist der Schlüssel zu echter Veränderung.**

Die Kraft der Reflexion: Warum du dir immer wieder Zeit für dich nehmen solltest

📌 **Jeden Monat 1x eine „Gedanken-Inventur" machen:**

☑ *„Welche Gedanken haben mir in den letzten Wochen geholfen?"*

☑ *„Wo habe ich mich unnötig gestresst?"*

☑ *„Was will ich in den nächsten Wochen bewusster steuern?"*

💡 **Warum funktioniert das?**

- Dein Gehirn braucht Erinnerung und Wiederholung, um Veränderungen langfristig zu speichern.
- Reflexion hilft dir, bewusst am Ball zu bleiben – ohne Druck.

✓ **Veränderung passiert nicht durch einen einmaligen Aha-Moment – sondern durch regelmäßige, bewusste Reflexion.**

Fazit: Veränderung beginnt mit kleinen Schritten – aber sie bleibt, wenn du dranbleibst.

✓ Du musst nicht alles auf einmal verändern – kleine Schritte sind mächtiger als große Versprechen.

✓ Regelmäßige Wiederholung ist der Schlüssel, um Overthinking dauerhaft zu reduzieren.

✓ Selbst wenn du mal Rückfälle hast – das ist kein Scheitern, sondern Teil des Prozesses.

✓ Eine bewusste Reflexionsroutine hilft dir, deine Fortschritte zu sehen und langfristig dranzubleiben.

Challenge für dich:

📌 Wähle eine der Methoden aus und wende sie für die nächsten 7 Tage bewusst an – ohne Perfektionsdruck.

„Wie du mit dir selbst sprichst, verändert dein Leben"

Kapitel 7: Extras – Inspirierende Texte, authentische Impulse und wertvolle Gedanken

(Ein Kapitel voller Kraft, um dich auf deinem Weg zu stärken und zu motivieren)

Dieses letzte Kapitel ist kein weiteres Lehrbuchkapitel mit Strategien und Übungen – sondern ein **Ort der Inspiration und Reflexion**.

Hier findest du kraftvolle Gedanken, die dich begleiten können, wenn du dich in alten Mustern verlierst, wenn Overthinking dich wieder einholt oder wenn du einfach eine Erinnerung brauchst, dass du auf dem richtigen Weg bist.

Lass diese Worte auf dich wirken – ohne Druck, ohne Analyse. Vielleicht findest du genau hier den einen Satz, der dir in schwierigen Momenten Kraft gibt.

7.1 Gedanken, die du dir immer wieder sagen darfst

📌 Ich muss nicht alles unter Kontrolle haben – ich kann dem Leben vertrauen.

📌 Ein Gedanke ist nur ein Gedanke – ich muss ihm nicht folgen.

📌 Ich bin nicht meine Vergangenheit – ich bin meine Entscheidungen im Jetzt.

📌 Mein Wert hängt nicht davon ab, wie perfekt ich bin.

📌 Ich darf Pausen machen, ohne mich schuldig zu fühlen.

📌 Mein Verstand darf ruhen – ich bin auch ohne ständiges Denken sicher.

📌 Ich darf Fehler machen und trotzdem liebevoll mit mir sein.

📌 Nicht jede Entscheidung muss die „richtige" sein – sie muss nur gut genug für mich sein.

📌 Ich bin nicht verpflichtet, die Erwartungen anderer zu erfüllen.

7.2 Eine Geschichte über das Loslassen

Ein junger Mann kam zu einem weisen Lehrer und klagte:
"Meister, ich kann meine Sorgen nicht loslassen. Meine Gedanken kreisen ständig um die Vergangenheit und die Zukunft. Ich versuche, sie loszulassen, aber sie kommen immer wieder zurück."

Der Meister lächelte und reichte ihm ein Glas Wasser.
"Halte dieses Glas in deiner Hand."

Der junge Mann tat es.

"Wie fühlt es sich an?" fragte der Meister.

"Ganz leicht," antwortete der junge Mann.

"Gut," sagte der Meister. *"Halte es jetzt eine Stunde lang."*

Der junge Mann tat es. Nach einiger Zeit begannen seine Finger zu zittern, sein Arm wurde schwer.

"Meister, mein Arm tut weh!" rief er.

"Dann leg das Glas ab."

"Aber es ist doch nur Wasser!"

"Ja," sagte der Meister. *"Und deine Sorgen sind nur Gedanken. Sie werden erst dann schwer, wenn du sie zu lange festhältst."*

7.3 Ein Brief an dich – wenn du mal wieder feststeckst

📌 **Lies diesen Brief, wenn du das Gefühl hast, dass Overthinking dich überwältigt.**

> **Hey du,**
>
> Ich weiß, dass dein Kopf manchmal zu laut ist. Dass Gedanken kommen, die du nicht loslassen kannst. Dass du dir wünschst, einfach mal Stille im Kopf zu haben.
>
> Aber weißt du was? Du bist nicht deine Gedanken. Du bist das Bewusstsein dahinter.
>
> Gedanken kommen und gehen – aber du bleibst. Und in dir gibt es einen ruhigen Kern, eine innere Stimme, die nicht laut ist, aber klar.
>
> Vielleicht hast du sie lange nicht gehört. Vielleicht hat das Gedankenkarussell sie übertönt. Aber sie ist da. Immer.
>
> Du musst nicht kämpfen, um deinen Kopf zu beruhigen. Du musst ihn nur manchmal loslassen. Ihm erlauben, einfach zu sein.
>
> Du bist mehr als dein Overthinking. Du bist mehr als deine Ängste.
>
> Und du bist gut, genau so, wie du bist.

7.4 Deine persönliche Erinnerung für schwierige Tage

Wenn Overthinking dich wieder einholt, wenn dein Kopf zu laut wird, dann erinnere dich an Folgendes:

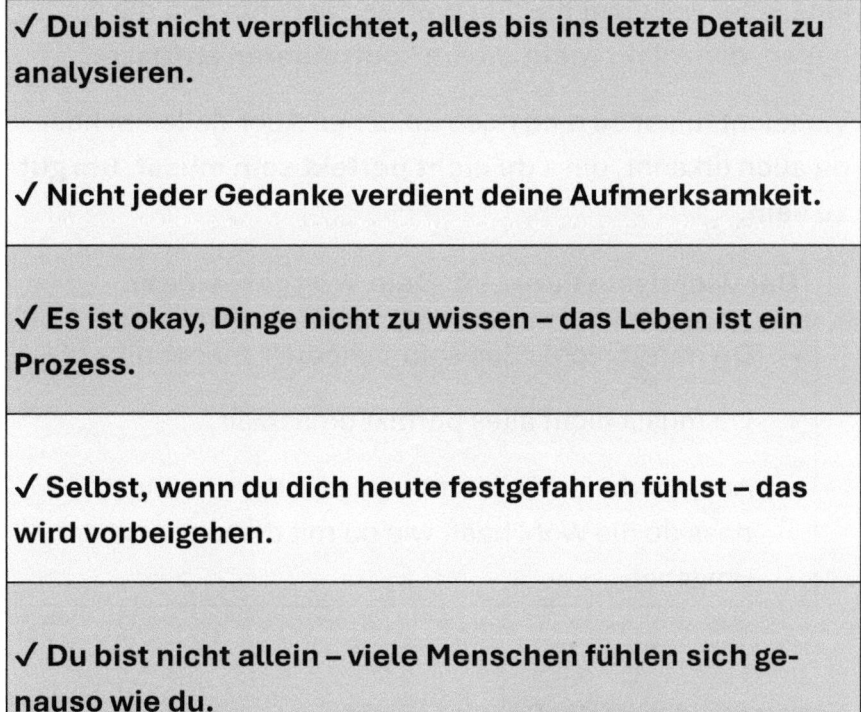

✓ Du bist nicht verpflichtet, alles bis ins letzte Detail zu analysieren.

✓ Nicht jeder Gedanke verdient deine Aufmerksamkeit.

✓ Es ist okay, Dinge nicht zu wissen – das Leben ist ein Prozess.

✓ Selbst, wenn du dich heute festgefahren fühlst – das wird vorbeigehen.

✓ Du bist nicht allein – viele Menschen fühlen sich genauso wie du.

7.5 Abschlussgedanken

Dieses Buch war nie dazu gedacht, eine **sofortige Lösung** zu sein. Es war eine **Einladung** – eine Einladung, anders mit deinen Gedanken umzugehen, sanfter mit dir selbst zu sein und neue Wege zu entdecken.

Vielleicht bist du heute nicht vollständig frei von Overthinking. Aber vielleicht hast du Werkzeuge gefunden, die dir helfen, dich **nicht mehr davon kontrollieren zu lassen.**

Vielleicht fühlst du dich noch unsicher. Aber vielleicht hast du auch erkannt, dass **du nicht perfekt sein musst, um gut zu sein.**

💡 **Der wichtigste Punkt ist: Dein Weg geht weiter.**

- Du musst nicht alles sofort „richtig" machen.

- Du musst nicht alles perfekt umsetzen.

- Aber du darfst dich immer wieder daran erinnern, dass du die Wahl hast, wie du mit deinem Denken umgehst.

☐ nd genau das ist der Schlüssel:

Nicht, dass du niemals wieder Overthinking hast – sondern dass du lernst, es loszulassen, wenn es dir nicht guttut.

Danke,

dass du diesen Ratgeber genutzt hast. Dein Weg aus dem Overthinking

endet nicht hier – er beginnt hier.

Falls du dieses Buch als Begleiter in schweren Zeiten nutzen möchtest,

markiere dir die Kapitel, die dir am meisten geholfen haben.

Lies sie erneut, wann immer du es brauchst.

Und falls du jemanden kennst, der auch in seinen Gedanken feststeckt

– Teile dieses Wissen.

Denn manchmal ist das größte Geschenk, das wir jemandem machen

können, die Erinnerung, dass er nicht allein ist.

Deine

Sophie A. Carter

Literatur

Birkenbihl, V. F. (2016). *Kommunikationstraining: Souverän reagieren auf Kritik und Feedback.* Rowohlt Verlag.

Brown, B. (2012). *Verletzlichkeit macht stark: Wie wir unsere Schutzmechanismen aufgeben und innerlich reich werden.* Kailash Verlag.

Csikszentmihalyi, M. (2017). *Flow: Das Geheimnis des Glücks.* Klett-Cotta.

Dobelli, R. (2020). *Die Kunst des klaren Denkens: 52 Denkfehler, die Sie besser anderen überlassen.* Piper Verlag.

Duhigg, C. (2016). *Die Macht der Gewohnheit: Warum wir tun, was wir tun.* Random House.

Goleman, D. & Davidson, R. J. (2017). *Altered Traits: Wissenschaft zeigt, wie Meditation unser Leben verändern kann.* Fischer Verlag.

Gigerenzer, G. (2018). *Bauchentscheidungen: Die Intelligenz des Unbewussten und die Macht der Intuition.* Goldmann Verlag.

Hüther, G. (2015). *Die Kraft der inneren Bilder: Wie Visionen das Gehirn, den Menschen und die Welt verändern.* Vandenhoeck & Ruprecht.

Hüther, G. (2021). *Lieblosigkeit macht krank: Warum wir eine Kultur der Fürsorge brauchen.* Beltz Verlag.

Kabat-Zinn, J. (2013). *Gesund durch Meditation: Das große Buch der Selbstheilung mit MBSR.* Knaur MensSana.

Kuebler-Ross, E. (2014). *Dem Leben neu vertrauen: Wege aus Angst und Trauma.* Herder Verlag.

Nelles, W. (2018). *Das Leben nimmt mich an: Warum wir uns nicht optimieren müssen, um glücklich zu sein.* Kösel Verlag.

Nelles, W. (2020). *Der Mensch im Übergang: Die Psychologie des bewussten Lebens.* Kösel Verlag.

Neff, K. (2019). *Selbstmitgefühl: Wie wir uns mit unseren Schwächen versöhnen und uns selbst der beste Freund werden.* Arbor Verlag.

Roth, G. (2017). *Fühlen, Denken, Handeln: Wie das Gehirn unser Verhalten steuert.* Suhrkamp Verlag.

Spitzer, M. (2019). *Digitale Demenz: Wie wir uns und unsere Kinder um den Verstand bringen.* Droemer Knaur.